현직 교사가 알려 주는

자기 50
계발

현직 교사가 알려 주는

자기
계발 50

**초등 시크릿
독서 교육**

정예슬 지음

인공지능에 대체되지 않는
미래 인재로 키우는 법

챗GPT 도입 1년이 지난 지금, 전 세계 기업의 일하는 방식은 완전히 달라졌습니다. 《포춘(Fortune)》 선정 500대 기업의 90퍼센트가 챗GPT를 활용하여 생산성을 크게 높였으며, 이로 인해 고용 시장에 변화의 바람이 불고 있습니다. 실리콘밸리 여론조사 스타트업인 옥소폴리틱스는 20명이 넘었던 인력이 현재 3명으로 줄었습니다. 가입자가 30만 명이 넘지만 모든 운영을 챗GPT를 기반으로 한 인공지능에 맡겼기 때문입니다. 인공지능 프로그램이 자동으로 웹사이트를 업데이트하고, 일러스트도 이미지 생성 AI로 대체했습니다. 사람은 그저 AI 작업 결과물을 모니터링할 뿐입니다.

세상이 바뀌었습니다. 이제 단순히 누가 더 지식을 많이 알고 있는지는 인재의 기준이 될 수 없습니다. 지식보다 역량, 즉 '해낼 수 있는 힘'이 필요합니다. 2008년 미국에서는 미래 인재에게 필요한 역량에 대한 보고서를 발표하였고 20여 가지의 기본 역량을 제시했습니다. 그것을 다시 4C로 줄여 소통 능력(Communicaiton), 협업 능력(Collaboration), 비판적 사고력(Critical Thinking), 창의력(Creativity)을 강조했습니다. 2022 개정 교육과정에서도 미래 역량 함양의 필요성을 강조하며 자기 관리 역량, 지식정보처리 역량, 창의적 사고 역량, 심미적 감성 역량, 협력적 소통 역량, 공동체 역량을 제안하였습니다.

중요한 것은 핵심역량이 무엇인지 알고 있느냐가 아니라 어떻게 기르느냐입니다. 빠르게 변화하는 인공지능 시대, 우리 아이들이 AI에 대체되지 않으려면 어떻게 해야 할까요? 인간만이 가질 수 있는 고유한 능력을 기르는 가장 좋은 방법은 역시나 '독서'입니다. 단순히 읽기만 하는 독서가 아니라 과제를 수행하고, 질문과 토론을 하는 등의 적극적인 독서가 필요합니다.

기존에 알고 있는 지식이 참인지 거짓인지를 계속 따져 가며 새로운 것과 비교하고 성찰하는 힘이 곧 비판적 사고력을 길러 줍니다. 주인공이 마주하는 문제를 함께 풀어 가며 창의적인 해결 방안을 생각해 봄으로써 문제해결력과 창의력 또한 길러지지요. 무엇보다 책을 읽는 과정은 나 자신과의 깊은 대화의 장이자, 타인과의 연결 고리를 만들어 주는 소통과 협력의 토대가 됩니다.

　이 책에는 아이들이 미래 인재로 성장하기 위해 꼭 필요한 핵심역량을 기르는 데 도움을 주는 추천 도서 50권을 담았습니다. 책을 읽고 나눌 질문과 일상생활에 적용할 수 있는 과제도 함께 담았습니다. 그냥 지나치지 마시고 부모, 형제자매 혹은 친구들과 생각을 나누고 행동으로 옮기는 실천 독서로 확장해 주세요. 특히 질문에 답만 하지 않고, 직접 질문을 만들어 보는 코너를 마련했습니다. 책을 읽고 질문하는 것은 가장 능동적인 형태의 배움이며 생각하는 힘을 키우는 것입니다.

"저는 좋은 책을 읽을 때 무언가 마법 같은 일이 일어난다고 믿어요."
―J. K. 롤링

저자 정예슬

CONTENTS

현직 교사가 알려 주는 자기계발 50
자기 관리 역량   1장

현직 교사가 알려 주는 자기계발 50
지식정보처리 역량   2장

현직 교사가 알려 주는 자기계발 50
창의적 사고 역량   3장

현직 교사가 알려 주는 자기계발 50
심미적 감성 역량 4장

현직 교사가 알려 주는 자기계발 50
협력적 의사소통 역량 5장

현직 교사가 알려 주는 자기계발 50
공동체 역량　　　　　　　　　　　　　　　　6장

이 책의 활용법

엄마 내가 할래요!

글. 그림 장선희, 박정섭 출판사 잘영(황제펭귄) 권장 학년 1, 2학년

책 속으로

"내가 입을래!" "내가 신을래!" "내가 할래요!"

영서의 "내가" 타령은 끝날 줄을 모른다. 유아기 아이가 스스로 모든 것을 해 보고 싶어 하는 마음이 고스란히 담겨 있는 책이다. 엄마 도움 없이 옷을 입고, 음식을 먹고, 약을 바르는 영서. 엄마가 하는 건 뭐든 다 해 보고 싶다. 시장에 가려고 화장을 하는 엄마를 따라 얼굴에 색칠을 하고, 과자를 만들겠다며 밀가루 반죽도 서슴지 않는다.

영서의 엄마는 대체로 아이를 격려하고 무언히 애쓰는 캐릭터다. 유난히 힘든 날에는 "영서야! 대체, 이게 뭐니?"라며 고달픔을 외치기도 한다. 하지만 아이 눈에 맺힌 눈물을 보는 순간 "아니…… 아니야, 우리 영서 신나게 놀았구나."라며 아이를 다독일 수밖에 없다.

세상을 향한 도전과 호기심으로 가득한 아이의 발랄한 모습과 아이를 혼내려다가도 "사랑해."라고 말하며 품에 안게 되는 엄마의 마음 사이에 갈등과 화해의 과정이 잘 표현된 책이다.

시크릿한 책 속 이야기

어린아이가 있는 집이라면 누구나 공감할 만한 이야기입니다. 아이들은 엄마, 아빠가 하는 모든 것이 궁금합니다. 엄마 구두를 신고 또각거리기도 하고, 스스로 요리를 하겠다며 설거지통을 한가득 채우기도 합니다. 비단 가정에서만 일어나는 일은 아니랍니다. 학교에서도 아이들은 스스로 무언가를 해 보려 애를 씁니다. 선생님을 도와 화분에 물을 주겠다는 기특한 생각이라 달리 바닥에 물을 다 쏟기도 하지요.

그럴 때 아이를 혼내고 비난하면 새로운 일에 도전하기 힘들어집니다. 충분

---

① 책 속으로
교육 현장에서 아이들과 함께 생활하는 교사의 시각에서 풀어낸 감상평과 책의 특징입니다.

② 시크릿한 책 속 이야기
책 읽을 때 참고할 점, 중점을 두면 좋은 점, 재미있는 포인트, 흥미로운 책 이야기 등을 담았습니다.

③ 문해력 높이는 질문 독서
책 내용을 확인하는 얇은 질문, 생각해야 답할 수 있는 두꺼운 질문을 직접 만들어 보며 생각을 키울 수 있습니다.

문해력 높이는 질문 독서

• 책 속에 답이 있는 얇은 질문 만들기

> 예시1 영서가 스스로 해 보고 싶었던 일을 2가지 말해 보세요.

> 예시2 영서는 공룡이었나요? 정체는 무엇이었나요?

---

④ 부모와 아이의 인사이트 확장을 위한 TIP
책을 읽고 실생활에 적용할 수 있게 도와주는 독후 실천 과제로 구성했습니다.

부모와 아이의 인사이트 확장을 위한 TIP

• 스스로 할 수 있는 일을 찾아 실천해 봅시다. 하고 싶은 일은 부모님 동의 하에 시도해 봐요.

스스로 할 수 있는 일	스스로 해 보고 싶은 일
예 놀잇감 정리하기, 컵에 물 따르기 등	예 계란 깨서 흰자 노른자 쉽기 등

\# 자아정체성과 자신감을 가지고

\# 자신의 삶과 진로를 스스로 설계하며

\# 이에 필요한 기초 능력과 자질을 갖추어

\# 자기 주도적으로 살아 갈 수 있는

자기 관리 역량

현직 교사가 알려 주는

자기계발 50
── 자기 관리
역량

엄마 내가 할래요!

글, 그림 장선희, 박정섭   출판사 장영(황제펭귄)   권장 학년 1, 2학년

책 속으로

"내가 입을래!" "내가 신을래!" "내가 할래요!"

영서의 "내가" 타령은 끝날 줄을 모른다. 유아기 아이가 스스로 모든 것을 해 보고 싶어 하는 마음이 고스란히 담겨 있는 책이다. 엄마 도움 없이 옷을 입고, 음식을 먹고, 약을 바르는 영서. 엄마가 하는 건 뭐든 다 해 보고 싶다. 시장에 가려고 화장을 하는 엄마를 따라 얼굴에 색칠을 하고, 과자를 만들겠다며 밀가루 반죽도 서슴지 않는다.

영서의 엄마는 대체로 아이를 격려하고 무던히 애쓰는 캐릭터다. 유난히 힘든 날에는 "영서야! 대체, 이게 뭐니?"라며 고달픔을 외치기도 한다. 하지만 아이 눈에 맺힌 눈물을 보는 순간 "아니…… 아니야. 우리 영서 신나게 놀았구나."라며 아이를 다독일 수밖에 없다.

세상을 향한 도전과 호기심으로 가득한 아이의 발랄한 모습과 아이를 혼내려다가도 "사랑해."라고 말하며 품에 안게 되는 엄마의 마음 사이에 갈등과 화해의 과정이 잘 표현된 책이다.

시크릿한 책 속 이야기

어린아이가 있는 집이라면 누구나 공감할 만한 이야기입니다. 아이들은 엄마, 아빠가 하는 모든 것이 궁금합니다. 엄마 구두를 신고 또각거리기도 하고, 스스로 요리를 하겠다며 설거지통을 한가득 채우기도 합니다. 비단 가정에서만 일어나는 일은 아니랍니다. 학교에서도 아이들은 스스로 무언가를 해 보려 애를 씁니다. 선생님을 도와 화분에 물을 주겠다는 기특한 생각과는 달리 바닥에 물을 다 쏟기도 하지요.

그럴 때 아이를 혼내고 비난하면 새로운 일에 도전하기 힘들어집니다. 충분

히 혼자 할 수 있는 일도 어른이 해 줄 때까지 기다리고 의존하게 되지요.

교육의 본질은 자립입니다. 아이가 스스로 할 수 있도록 격려하고, "혼자서도 잘하네."라는 칭찬을 아끼지 않아야 합니다. "내가 너 때문에 못살아!"라는 말은 삼키고 "그럴 수도 있어. 괜찮아. 누구나 실수는 한단다."라는 위로와 격려의 말이 필요하지요.

어른도 완벽하지 않습니다. 누구나 실수하고 틀리면서 배워 나가지요. 빌 게이츠는 자라면서 엄마에게 단 한 번도 "하지 마!"라는 얘기를 들어 본 적이 없다고 해요. 누군가에게 피해를 주거나 위험한 상황이 아니라면 세상을 향한 아이의 발걸음을 응원해 주세요. 혹시 아나요? 제2의 빌 게이츠가 탄생할지!

문해력 높이는 질문 독서

- 책 속에 답이 있는 얇은 질문 만들기

  예시1 영서가 스스로 해 보고 싶었던 일을 2가지 말해 보세요.

  예시2 영서는 공룡이었나요? 정체는 무엇이었나요?

- 생각해야 답할 수 있는 두꺼운 질문 만들기

  예시1 엄마가 "대체 이게 뭐니!"라고 했을 때 영서의 마음은 어땠을까요?

  예시2 영서에게 해 주고 싶은 말이 있다면 한마디 써 주세요.

부모와 아이의 인사이트 확장을 위한 TIP

• 스스로 할 수 있는 일을 찾아 실천해 봅시다. 하고 싶은 일은 부모님 동의
  하에 시도해 봐요.

<u>스스로 할 수 있는 일</u>	<u>스스로 해 보고 싶은 일</u>
예 놀잇감 정리하기, 컵에 물 따르기 등	예 계란 깨서 흰자 노른자 섞기 등

실수해도 괜찮아.
혼자 해 볼까?
충분히 해낼 수 있단다.

엄마! 제가 느려도
조금만 기다려 주세요.
스스로 해 보고 싶어요.^^

까만 아기 양

글, 그림 엘리자베스 쇼　출판사 푸른나무　권장 학년 1, 2학년

책 속으로

　새하얀 양 무리 속에 홀로 까만 아기 양은 새카만 털 때문에 고민이 많다. 무엇을 하든, 하지 않든 양치기 개 폴로 눈에는 항상 무리에서 엇나가는 쓸모없는 양 취급을 받기 때문이다. 까만 아기 양은 자신의 털 색깔 때문에 작은 실수도 크게 보여 양치기 개에게 미움을 받는다며 속상해 한다.

　어느 날 눈보라가 세차게 몰아쳤다. 할아버지와 폴로는 아기 양들을 내버려 둔 채 눈보라를 피해 집으로 가 버렸다. 까만 아기 양은 폴로를 대신해 동료들을 근처 동굴로 피신시킨다. 다음 날 양들을 찾아 나선 할아버지는 언덕 위 까만 점 하나를 발견한다. 바로 까만 아기 양이었다.

　까만 아기 양의 까만 털 덕분에 새하얀 눈밭에서 양들을 찾을 수 있었다. 양치기 할아버지는 까만 아기 양을 더욱 소중히 여기게 되고, 까만 아기 양도 자신의 가치와 개성을 깨달아 행복한 나날을 보내게 된다.

시크릿한 책 속 이야기

사람은 누구나 사랑받고 존중받고 싶은 욕구를 지니고 있습니다. 간혹 몇몇 학생들은 반에서 인기 있는 친구를 따라 하는 것으로 그 욕구를 채웁니다. 똑같은 학용품을 따라 사거나 옷 스타일을 비슷하게 해 보는 것입니다. 그 친구가 다니는 학원이나 방과후 교실 수업을 따라가 보기도 합니다. 과연 이러한 방법으로 원하는 결과를 얻을 수 있을까요?

설사 그 방법으로 인기를 얻을지라도 그리 오래가진 않을 겁니다. 자신의 개성을 무시하고 스스로를 소중하게 여기지 않는 것이므로 모방을 지속하기 어렵습니다. 자기만의 특기를 발전시키고 장점이 돋보일 수 있도록 노력하는 게 장기적으로 봤을 때 더 좋은 방법입니다.

중요한 건 인기 여부가 아닙니다. '풍요 속의 빈곤'이란 말이 있지요. 단 한 명이라도 좋으니 나다움을 솔직하게 표현하고 진심으로 소통할 수 있는 친구가 있는 것이 더 중요합니다.

아이들이 자신만의 고유한 색깔을 잃지 않고, 가고자 하는 길을 자신감 있게 걸어 갈 수 있도록 부모님과 교사의 도움이 필요합니다. "나는 너를 있는 그대로 사랑한다."라고 자주 말해 주세요. 아이도 자신에게 "나는 나를 있는 그대로 사랑한다."라는 말을 매일 아침 거울을 보면서 말해 줄 수 있게 안내해 주세요. 언제나 나를 믿고 응원하는 가장 좋은 친구는 자기 자신이라는 사실을 깨달을 수 있도록 말이에요.

문해력 높이는 질문 독서

• 책 속에 답이 있는 얇은 질문 만들기

    예시 1 이 책에 등장하는 인물은 누구인가요?

    예시 2 양치기 개 폴로는 왜 까만 아기 양을 싫어했나요?

• 생각해야 답할 수 있는 두꺼운 질문 만들기

    예시 1 까만 아기 양처럼 여러분도 친구들과 다른 점이 있나요? 그것의
    장점이나 가치를 찾아봅시다.

    예시 2 만약 폴로가 무서운 늑대였다면?

부모와 아이의 인사이트 확장을 위한 TIP

• 내가 아기 양이라면 어떤 특징이 있을까요? 나의 장점이 잘 드러나게 아기 양을 색칠하고 설명을 써 봅시다.

나는 (   ) 사람이에요 ★아마존 '선생님이 뽑은 최고의 책' 선정

글, 그림 수전 베르데, 피터 H. 레이놀즈   출판사 위즈덤하우스   권장 학년 1, 2학년

책 속으로

　한 사람이 세상에 태어난다. 수십억 사람 중에 오직 하나뿐인 '나'라는 사람이 탄생하는 순간이다. 기적 같지 않은가? 사람은 끊임없이 배우고 자란다. 호기심을 품고 자신만의 길을 걸으며 미래를 상상하고 꿈을 키워 간다.

　하지만 늘 행복하기만 한 건 아니다. 사람은 완벽하지 않기에 실수를 한다. 친구나 가족과 갈등이 생길 수도 있고, 힘들거나 슬픈 일이 생겨 속상한 날도 있다. 이 책은 그럴 때 혼자가 아니라고 말해 준다.

　나, 너, 우리, 세상은 모두 연결되어 있고 서로 응원하고 격려하며 살아간다. "완벽하지 않아도 괜찮아. 우리 함께라면 다시 앞으로 나아갈 수 있어."라는 희망적인 메시지를 전하는 책이다.

시크릿한 책 속 이야기

　이 책은 여러 해 동안 초등교사로 지낸 경험을 바탕으로 동화를 쓴 수전 베르데의 글과 전 세계 수많은 독자에게 사랑받는 그림책 작가이자 일러스트레이터인 피터 H. 레이놀즈의 협업 작품입니다. 《나는 (　　) 사람이에요》는 아마존 '선생님이 뽑은 최고의 책'으로도 선정되어 전 세계 어린이들에게 널리 사랑을 받아 왔습니다. 《나는 (　　) 사람이에요》의 두 번째 이야기로 《나는 나예요》라는 책도 출간되었어요. 한층 더 깊이 '나답게' 살아가는 것에 대해 고민합니다.

　작가 수전 베르데는 다양한 문화권의 사람들이 이웃한 동네인 미국 그리니치에서 자랐다고 해요. 히잡을 쓴 아이, 휠체어를 탄 아이, 다양한 생김새의 친구들이 모두 어우러져 서로를 품어 주는 이야기는 어릴 적 경험한 '다름'에 대한 유연한 태도 덕분이지요.

　엄마가 종종 "한 뱃속에서 태어났는데 어쩜 이리 다를까!"라는 말을 하셨던 기억이 나요. 어느새 두 아이의 엄마가 된 저도 자주 하는 말이 되었어요. 형제자매도 이렇게 다른데 다른 사람은 오죽할까요.

　우리 아이들이 다름을 자연스럽게 받아들이고 존중한다면 교실 안팎의 크고 작은 갈등이 많이 줄어들 것입니다. '나'는 나라서! '너'는 너라서! 모두 달라서 특별하고 소중하다는 것을 깨우칠 수 있길 바랍니다.

문해력 높이는 질문 독서

• 책 속에 답이 있는 얇은 질문 만들기

예시 1 주인공 '나'는 놀랍고 신기한 세상을 만났을 때 어떤 기분이었나요?

예시 2 주인공은 마음이 다친 적이 있었나요?

• 생각해야 답할 수 있는 두꺼운 질문 만들기

예시 1 나는 어떤 사람인가요?
( )를 채우고 그 이유도 함께 말해 주세요.

예시 2 가족이나 친구를 ( )를 채워 소개해 봅시다.

부모와 아이의 인사이트 확장을 위한 TIP

• 나 사용설명서를 만들어 봅시다.
가운데 있는 '나는 (　　) 사람이에요' 속 괄호를 채워
나는 어떤 사람인지 완성해 봅시다.

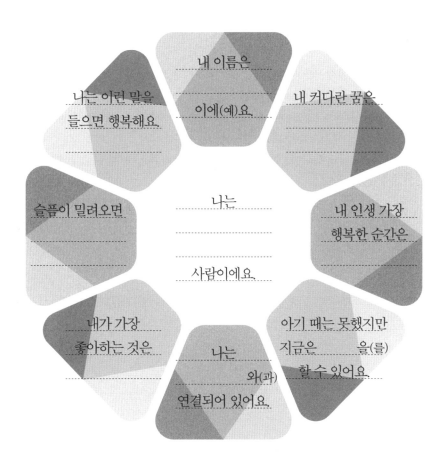

• 《나는 (   ) 사람이에요》에 나오는 다정하고 따뜻한 말들입니다. 이 외에도 인상 깊었던 문장이 있었다면 찾아서 써 보세요. 책에 나오지 않았지만 힘이 되는 문장이 있다면 적어도 좋습니다.

- 사람이기 때문에 완벽하지 않아요. 가끔 실수를 해요.
- 마음을 달리 먹으면 분명 멋진 선택일 수 있어요.
- 결코 혼자가 아니에요. 친구와 가족과 세상과 연결되어 있어요.
- 우리는 세상에 하나뿐인 꼭 필요한 존재예요.
- 나는 나라서, 너는 너라서 소중해요.
- 우리는 이대로 충분해요.
- 저마다 달라서 모든 삶은 아름다워요. 기적처럼 빛이 나요.

- 응원이 필요한 사람에게 왼편의 문구를 선물해 보세요.
  나 자신에게 쓰는 편지도 좋아요.
  그림 카드 왼편에 문구 하나를 골라 적고
  어울리는 그림을 그린 후 마음을 담아 카드를 써 봅시다.

에게 ....

....

....

....

....

....

(이)가

....

한 번 배우면 평생 가는 어린이 자존감

글, 그림 거셴 카우프만·레브 라파엘   출판사 현대지성   권장 학년 3, 4학년

책 속으로

　이 책은 '마음의 힘'인 '자존감'에 대해 이야기한다. 자존감은 타고나는 능력이 아니라 배우고 익혀야 하는 자질이다. 국어, 수학, 독서, 글쓰기 같은 과목이나 기술을 익히듯 자존감을 키우기 위해서는 체계적인 커리큘럼이 필요하다.

　책에서는 자존감을 높이기 위해서는 자존감을 이해하는 일이 아주 중요하며, 이를 위해 3가지 핵심 개념을 갖춰야 한다고 소개한다. '나만의 힘', '긍정적인 자존감', '내면의 안정'이 바로 그것이다.

　첫째, 나만의 힘이란 아이들이 진정한 나로 살아갈 수 있게 돕는 힘이다. 둘째, 긍정적인 자존감은 스스로를 긍정하는 태도다. 셋째, 내면의 안정은 나만의 힘과 건강한 자존감을 갖춘 아이에게 찾아오는 것이다.

　이 3가지 마음의 힘을 기르기 위해 반복적인 훈련이 필요하다. 《한 번 배우면 평생 가는 어린이 자존감》은 훌륭한 훈련 가이드가 되어 준다. 또래 친구들의 생생한 이야기를 통해 친구 관계, 학교 및 가정생활에서 자연스럽게 자존감의 개념을 이해할 수 있게 구성했다. 또 '나와 친해지기' '지금 바로!'와 같은 코너를 곳곳에 배치하여 아이들이 스스로 생각하고 질문에 답하며 자존감 노트를 완성해 간다. '명심하세요!' '중요!'에서는 핵심 내용을 잘 이해할 수 있도록 돕는다.

시크릿한 책 속 이야기

　이 책은 1990년 첫 출간 이후 30년간 영미권 '어린이 자존감' 분야 베스트셀러입니다. 특히 개정 3판에서는 어린이들의 인터넷과 스마트폰 사용률이 높아짐에 따라 요구되는 '디지털 세계에서 나를 보호하기'와 같은 최신 이슈를 반영했습니다.

자존감은 모든 것의 시작입니다. 가족, 친구, 이웃을 비롯한 모든 인간관계와 가정, 학교, 사회생활의 기본이 되지요. 자존감이 있는 아이들은 어떤 문제 상황이 생겼을 때 위기 대처 능력이 뛰어납니다. 실패와 거절을 맞닥뜨려도 쉽게 회복하지요.

"칭찬을 많이 해서 아이의 자존감을 높여 주세요."라는 요구를 하는 학부모가 종종 있습니다. 무분별한 칭찬으로 부풀린 자부심이 과연 자존감이라 할 수 있을까요? 자존감이란 자기 힘으로 이룬 성취에 바탕을 둔 것이라야 합니다. 다른 사람의 감언이설로 키워지는 것이 결코 아닙니다.

자존감을 우월감과 동일시하는 것 또한 잘못된 생각입니다. 우월함은 자신이 상대보다 낫다고 생각하면 교만해지고, 상대가 나보다 낫다고 생각하면 위축되어 패배감에 휩싸이는 감정으로 열등감과 다를 바 없습니다. 자존감은 누구와 비교하지 않고 오롯이 자신을 귀하게 여기는 마음입니다.

어느 해에 반 아이들에게 "날마다 모든 면에서 점점 더 좋아지고 있다."는 에밀 쿠에의 자기 암시 요법을 알려 준 적이 있습니다. 비교는 언제나 다른 사람이 아닌 '어제의 나'와 하길 바라는 마음으로요. 우리 어른들도 약속해 주세요. 아이를 형제자매나 아이의 친구와 비교하지 않기로요.

문해력 높이는 질문 독서

• 책 속에 답이 있는 얇은 질문 만들기

예시 1 책 속에는 '괴롭힘을 당할 때' 어떻게 대처하라고 했나요?

예시 2 긍정적 자존감이 필요한 이유 10가지를 찾아 써 보세요.

• 생각해야 답할 수 있는 두꺼운 질문 만들기

예시 1 여러분은 자존감이 강한 사람인가요? 자존감을 키우기 위해 어떻게 노력하면 좋을까요?

예시 2 나만의 '행복 저축 통장'을 만들어 봅시다.

부모와 아이의 인사이트 확장을 위한 TIP

- 함께 읽으면 좋은 책
  01 《틀려도 괜찮아》, 마키타 신지 글/하세가와 토모코 그림, 토토북
  02 《강아지똥》, 권정생 글/정승각 그림, 길벗어린이
  03 《치킨 마스크》, 우쓰기 미호, 책읽는 곰
  04 《난 내가 좋아》, 낸시 칼슨, 보물창고
  05 《배꼽 전설》, 김명선, 잇츠북어린이
  06 《자존감 높이기》, 기쿠치 노리코·이케다 아키코, 루덴스미디어
  07 《미움받아도 괜찮아》, 황재연 글/김완진 그림, 인플루엔셜
  08 《5번 레인》, 은소홀 글/노인경 그림, 문학동네

- 매일 아침 우리 가족이 함께 소리 내어 읽을 긍정 확언 문장을 만들어 봅시다.

참고 영상 〈켈리 최 어린이 긍정 확언〉

청소 특공대 다람단 1 : 차곡차곡 정리 정돈의 힘!

글, 그림 문채빈   출판사 미래엔아이세움   권장 학년 3, 4학년

책 속으로

청소 특공대는 청소 전문가 다람쥐 세 마리를 말한다. 단장이자 정리왕인 다람, 단원이자 정돈왕인 콩이, 나머지 단원이자 청소왕인 밤이가 바로 청소 특공대. 이 셋은 무지갯빛 먼지떨이, 투명한 친환경 세제, 튼튼한 대걸레를 들고 의뢰인이 부르는 곳이라면 어디든 달려간다.

첫 번째 의뢰인은 '다있소 문방구' 주인 꼭지 할아버지다. 엄청난 물건들이 여기저기 쌓여 있고 넘치는 다있소 문방구! 더 이상 손님들에게 행복을 주지 못하는 곳이 되어 버렸다. 두 번째 의뢰인은 초록 마을 최고 슈퍼스타 비비안이다. 그녀는 집 청소와 정리 정돈을 미루고 오로지 춤과 노래에만 열중한다. 하지만 정작 중요한 콘서트를 망치고 만다.

머무르는 곳이 더러우면 마음까지 엉망이 되기 쉽다. 청소 특공대는 의뢰인의 마음을 이해하고 도닥이며 새롭게 시작할 수 있는 깨끗한 공간을 제공한다. 이 책은 엉망이 된 일상을 청소와 정리로 바로 잡을 수 있음을 보여 준다.

청소와 정리 정돈이 왜 필요한지 모르는 친구, 필요성은 알지만 하기 귀찮은 친구에게 이 책을 추천한다. 책을 읽다 보면 왜 청소를 해야 하는지, 정리 정돈을 어떻게 해야 하는지 배울 수 있다. 무엇보다 청소만으로 행복해질 수 있음을 깨닫게 될 것이다.

시크릿한 책 속 이야기

"선생님 ○○이 때문에 넘어졌어요!"

○○이는 저희 반에서 정리 정돈을 가장 어려워하는 아이였습니다. 가방에 온갖 책과 물건을 넣고 다니는 것뿐만 아니라, 책상 서랍에는 각종 학습지와 가정통신문이 교과서와 뒤섞여 있었어요. 방과후 수업이나 학교 준비물이라

도 있는 날에는 책상 주위로 짐들이 한가득 놓여 있었고, 가방 문도 툭하면 열어 놓아 친구들이 걸려 넘어지기 일쑤였지요.

책상 서랍과 사물함을 정리하는 방법, 학습지와 가정통신문을 받았을 때 각각의 A4 파일철에 끼워 두는 법 등을 수시로 안내했습니다. 몇 개월에 걸쳐 함께 정리하고 도와주길 반복해야 했지요.

어른들은 너무 쉽게 "제자리에 갖다 놔."라고 말합니다. 하지만 정리가 어려운 아이들에게 '제자리'는 매우 모호한 단어입니다. 물건의 지정 위치를 정확하게 인지하고 기억할 수 있도록 여러 차례 안내해야 합니다. 이름표를 붙여 둘 수 있다면 더 좋겠지요.

정리 정돈은 자신에게 꼭 필요한 물건인지, 그것을 어떻게 분류하는 게 좋을지 판단하고 생각하는 힘을 길러 줍니다. 또 구역을 나눠 청소하기는 계획을 세워 실천하는 능력을 요구하지요. 별 것 아닌 것처럼 보이는 청소와 정리 정돈이 실은 기억력, 관찰력, 판단력, 분석력을 기르는 종합적인 활동이라는 사실! 무엇보다 나만의 규칙을 만들고 자립을 하는 기본이 된답니다.

가정에서도 어릴 적부터 물건을 분류하고 물건마다 정해진 자리를 정해 주어 제자리에 정리해 넣는 습관을 길러 주세요. 청소와 정리 정돈은 단지 청결하고 위생적인 환경을 위한 것이 아닙니다. 행복한 마음으로 하루를 지내는 일상 회복의 시작이랍니다.

문해력 높이는 질문 독서

• 책 속에 답이 있는 얇은 질문 만들기

> 예시 1 청소 특공대 다람단의 역할은 무엇인가요?

> 예시 2 도토리를 까던 밤이 주먹이 퉁퉁 부어오르자, 다람단이 향한 곳은
> 어디인가요?

• 생각해야 답할 수 있는 두꺼운 질문 만들기

> 예시 1 청소 특공대 다람단을 소개해 주고 싶은 사람이 있나요?

> 예시 2 만약 다람단이 우리 집에 온다면 뭐라고 말할 것 같나요?

부모와 아이의 인사이트 확장을 위한 TIP

• 정리 정돈을 하며 더는 사용하지 않는 물건을 찾아봅시다. 중고 마켓에 팔아 보는 경험을 통해 물건의 '선순환'을 경험하고, 자연스럽게 경제 교육도 해 보면 좋겠지요?

제목(예: 튼튼한 아동용 캐리어):
_____

물건의 사진 및 판매 가격	물건의 특징:
	(예: 가족 여행할 때 아이가 자기 짐을 넣고 다니기 딱 좋은 크기예요. 5회 이내로 사용하여 깨끗합니다. 크기 가로 35cm×세로 50cm)

물건의 특징:

(예: 가족 여행할 때 아이가 자기 짐을 넣고 다니기 딱 좋은 크기예요. 5회 이내로 사용하여 깨끗합니다. 크기 가로 35cm×세로 50cm)

_____

_____

_____

_____

거래 희망 장소 및 시간:

_____

_____

_____

_____ 원

재까닥 캠프

글, 그림 김점선, 국민지 출판사 소원나무 권장 학년 3, 4학년

책 속으로

미루는 무슨 일이든 당장 하고 싶은 일이 아니라면 미루기 일쑤다. 방 청소는 물론, 숙제하기, 씻기 등 재미없고 하기 싫은 일은 몽땅 미루는 미루에게 엄마는 솔깃한 제안을 한다. 방학 동안 학원에 가지 않는 대신 '재까닥 캠프'에 참여하는 것이다. 학원에 가기 싫은 미루는 엄마의 제안을 받아들이기로 한다.

'어떤 일을 시원스럽게 빨리 해치우는 모양'이라는 '재까닥'의 사전적 뜻과 달리 재까닥 캠프는 환상적이었다. 캠프장은 멋진 호텔이었고 먹고 싶을 때 먹고, 치우고 싶을 때 치우며, 놀고 싶을 때 노는 낙원 같은 곳이었기 때문이다. 더 놀라운 것은 미루가 집에서 클레이로 만들었던 사자, 생쥐, 토끼 등의 동물 인형들이 살아 움직였다. 동물 친구들과 케이크가 주렁주렁 열리는 정원에서 배불리 먹고, 나무 줄타기를 하며 즐거운 한때를 보냈다.

하지만 얼마 뒤 동물 친구들이 생명을 잃으며 점점 클레이 인형으로 변해 갔다. 알고 보니 클레이 동물들의 생명은 단 하루뿐이고, 새로운 생명을 얻으려면 생명수가 필요하다. 생명수를 만들기 위해 재까닥 기차를 타고 다니며 재료를 구해야만 한다.

미루는 재까닥 기차를 타고 동물 친구들을 살리기 위한 여행을 시작하는데, 역에 도착할 때마다 그동안 미루어 왔던 습관들과 마주한다. 그림자 역에서는 씻지 않았던 일, 숨바꼭질 역에서는 청소하지 않고 미루었던 일, 이파리 역에서는 화분에 물을 주지 않았던 일이 기다리고 있다. 이 모험을 통해 미루는 미루지 않는 습관을 찾을 수 있을까?

시크릿한 책 속 이야기

방 청소, 공부, 숙제, 양치질은 왜 자꾸만 미루게 될까요? 할 수만 있다면 최대한 미루고 싶은 일들입니다. 제가 초등학교 1학년이었을 때 여름방학 숙제로 그림일기 쓰기가 있었어요. 하루, 이틀 미루다 보니 어느새 열흘이 훌쩍 지나 버렸어요. 도저히 쓸 엄두가 나지 않더라고요. 그때라도 쓰기 시작하면 좋았을 테지만 저는 계속 미뤘습니다. 개학 전날 두어 개를 써서 갔는데 일기를 쓰지 않은 수만큼 손바닥을 맞았습니다. 아주 정신이 번쩍 들었지요. 그 후로 절대 숙제를 미루지 않게 되었어요. 체벌이 없어진 요즘은 깜짝 놀랄 일이지요?

바람직한 행동을 증가시키거나 감소시키기 위한 행동주의 기법에는 상과 벌이 있습니다. 요즘에는 체벌이 금지되어 칭찬이나 간식 제공 등 '상'을 제공하여 아동의 바람직한 행동을 강화합니다. 《재까닥 캠프》에서는 미루는 습관을 고치기 위해 '생명수 얻기' 미션을 부여하지요.

무슨 일을 할 때 동기부여가 확실하면 재미없고 지루한 일도 열심히 하게 되는 것 같아요. 해야 하는 일을 미루지 않고 즐겁게 할 수 있도록 나만의 미션이나 보상책을 마련해 보면 어떨까요?

문해력 높이는 질문 독서

• 책 속에 답이 있는 얇은 질문 만들기

예시 1 미루 엄마는 미루를 왜 재까닥 캠프에 보냈나요?

예시 2 동물 친구들에게 새 생명을 주려면 무엇을 찾아야 하나요?

• 생각해야 답할 수 있는 두꺼운 질문 만들기

예시 1 하기 싫어서 미루다가 혼이 난 적이 있나요?

예시 2 여러분이 재까닥 캠프에 간다면 어떨 것 같나요?

부모와 아이의 인사이트 확장을 위한 TIP

• 할 일을 미루지 않고 잘했을 때 스스로에게 선물을 주는 보상표를 만들어
  봅시다.

Habit Tracker

Habit	**Reward**
습관	보상

_____   _____

_____   _____

_____   _____

SUN	MON	TUE	WED	THU	FRI	SAT

내 이름은 삐삐 롱스타킹 ★어린이도서연구회 추천 도서

글, 그림 아스트리드 린드그렌, 잉리드 방 니만   출판사 시공주니어   권장 학년 3, 4학년

책 속으로

　　야무지게 양 갈래로 질끈 묶은 빨간 머리, 주근깨투성이 얼굴, 짝짝이 긴 양
말에 자기 발보다 두 배는 더 큰 구두를 신고 다니는 소녀가 있다. 바로 삐삐
다. 뭔가 재미있는 일이 없을까 늘 무료하던 남매 토미와 아니카의 옆집에 삐
삐가 이사를 오며 이야기는 시작된다.

　　삐삐는 엄마와 아빠를 각각 천사와 식인종 나라 왕이라고 소개한다. 실은
엄마는 태어날 때 돌아가셨고, 아빠는 해적이라 오랫동안 배를 타며 지냈다.
어느 날 거센 폭풍우에 아빠는 사라지고 삐삐만 집으로 돌아온 것이다. 삐삐
는 그곳을 '뒤죽박죽 별장'이라고 이름 짓고 원숭이 닐슨 씨, 커다란 말과 함께
살고 있다. 언젠가 아빠가 자기를 데리러 오리라 믿으면서 말이다.

　　토미와 아니카는 삐삐를 만난 뒤 매일 함께하기 시작한다. 삐삐는 친구들에
게 맛난 팬케이크를 선보이기도 하고 탐험가 놀이를 소개해 주며 즐거운 나날
을 보낸다. 삐삐가 학교에 가지 않는 것을 알고 경찰이 온다거나 집에 도둑이
드는 에피소드도 있다. 커다란 말도 번쩍 들어 올리는 힘센 삐삐에게 어른은
두려운 존재가 아니다. 경찰과 도둑 모두 삐삐에게 두 손 두 발을 들고 만다.
자신의 색깔을 잃지 않고 주도적인 삶을 용감하게 살아가는 삐삐의 모습을 도
저히 미워할 수가 없다.

시크릿한 책 속 이야기

　　아스트리드 린드그렌은 갑작스레 딸이 '긴 양말을 신은 아이' 얘기를 들려
달라고 하는 통에 삐삐 이야기를 지어냈다고 합니다. 아무리 이야기를 쓰는
작가라지만 무작정 이야기를 만들어 달라고 하면 꽤 고민스러웠을 겁니다. 저
도 아이들이 어릴 때 갑자기 무서운 얘기를 해 달라고 하거나 재미있는 이야

기를 해 달라고 하면 곤욕스럽더라고요. 아는 사람 이름 다 부르고 먹고 싶은 음식, 생각나는 동물 다 집어넣어 얼렁뚱땅 이야기를 지어냅니다. 그 엉터리 이야기를 아이들은 참 좋아하더라고요.

그래서일까요? 《내 이름은 삐삐 롱스타킹》은 오랫동안 전 세계 어린이의 폭발적인 사랑을 받아 왔습니다. 1945년 스웨덴에서 출간된 이래 80여 개 언어로 번역되었지요. 린드그렌은 평생에 걸쳐 100권이 넘는 작품을 쓰고 상도 많이 받았습니다.

그런 그녀는 늦은 나이에 글을 쓰기 시작했어요. 주변에서는 글솜씨가 좋다며 유명한 작가가 될 거라 믿었지만 정작 본인은 그럴 마음이 없었다고 해요. 딸 카린이 일곱 살 때 폐렴에 걸렸는데 아픈 딸을 위해 이야기를 지어 들려주던 것이 계기가 되어 글을 쓰기 시작했습니다. 그때 탄생한 이야기가 바로 삐삐랍니다.

삐삐는 탄생의 순간 비평가들의 혹평과 항의에 시달려 출간에 어려움이 따랐다고 해요. 기존 체제에 순응하지 않는 어린이가 주인공인 것도 모자라 여자아이가 거친 말투와 행동을 일삼아 다른 아이들에게 나쁜 영향을 끼칠까 우려한 것이지요.

과연 삐삐는 기존 질서를 무너뜨리는 아이일까요? 거짓말을 일삼는 나쁜 아이라고 단정 지을 수 있나요? 시대를 초월한 명작을 읽고 아이와 함께 생각과 감동을 나눠 보는 시간을 가져 보세요.

문해력 높이는 질문 독서

• 책 속에 답이 있는 얇은 질문 만들기

    예시 1 삐삐는 왜 혼자 살고 있나요?

    예시 2 삐삐와 함께 사는 동물들은 무엇인가요?

• 생각해야 답할 수 있는 두꺼운 질문 만들기

    예시 1 삐삐처럼 반려동물과 함께 살고 싶은가요? 그 이유는?

    예시 2 집에 도둑이 든다면 어떻게 할까요?

부모와 아이의 인사이트 확장을 위한 TIP

- 삐삐는 탐정 놀이를 통해 '발견가'가 되어 보았어요. 삐삐는 어떤 물건이
  든 의미를 부여하면 귀한 보물이 된다고 말했지요. 색깔이 특이한 돌멩이,
  매끈한 나뭇가지 등 나에게는 의미 있는 것을 발견해 볼까요?

나도 발견가!

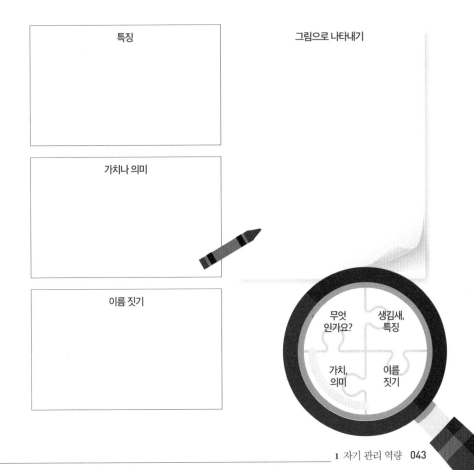

| 특징 | 그림으로 나타내기 |

| 가치나 의미 |

| 이름 짓기 |

무엇
인가요?

생김새,
특징

가치,
의미

이름
짓기

존 아저씨의 꿈의 목록 ★어린이문화진흥회 '좋은 어린이책'

글 존 고다드 출판사 글담어린이 권장 학년 5, 6학년

책 속으로

《존 아저씨의 꿈의 목록》은 꿈의 목록을 작성하고 이를 실천한 존 고다드의 감동 실화를 바탕으로 한 동화이다. 존 고다드는 열다섯 살이 되던 해 127개의 꿈의 목록을 작성했다. 이 중 111개의 꿈을 이뤄 '꿈을 이룬 사나이'로 유명해진 인물이다.

그가 처음부터 멋진 탐험가이자 인류학자, 다큐멘터리 제작자였던 것은 아니다. 윗몸 일으키기, 플루트 배우기, 인디언 문화 배우기 등 작은 꿈부터 차근차근 이룬 후 나일강 탐험, 킬리만자로 등반, 비행기 조종 등의 어려운 꿈들로 나아갔다.

이 책에는 꿈을 이룬 그의 이야기를 크게 2가지로 나누어 설명하고 있다. 첫 번째 이야기는 '꿈의 목록'에 관한 것이고, 두 번째 이야기는 '꿈의 항해' 편이다. 그는 어릴 적 풍부한 독서와 체험으로 다양한 꿈을 먼저 계획했다. 다음으로 꿈을 기록하고 시각화하며 마침내 그 꿈들을 하나씩 이루어 낸 것이다.

127개였던 꿈 목록은 그 후 500여 개로 늘어났다. 전립선암에 걸려 아픈 시간도 있었지만, 긍정적인 마음과 도전 정신으로 암을 극복했다. 이 책을 함께 읽으며 꿈을 기록하고 작은 것부터 실현해 보면 어떨까?

시크릿한 책 속 이야기

"꿈이 무엇인가요?"라고 물어보았을 때 자신 있게 대답하는 어린이들이 줄고 있습니다. 그마저도 회사원, 디지털 크리에이터, 연예인, 건물주 등으로 좁혀집니다. 명사형 꿈은 그것을 이루는 순간 허무해집니다. 우리를 계속 살아가게 만드는 힘은 동사에 있습니다. 무엇을 하면서 살고 싶은지 명확한 사람은 매일 아침 벌떡 일어나 하루를 시작하지요.

대한민국에도 대표 꿈쟁이가 있습니다. 바로 《멈추지 마, 다시 꿈부터 써봐》의 저자 김수영입니다. 김수영 작가 또한 꿈을 직접 적어 보라고 말합니다. 거창하지 않아도 됩니다. 배우고 싶은 것, 여행하고 싶은 곳, 만나고 싶은 사람, 꼭 해 보고 싶은 일 등 아주 사소한 것이라도 좋습니다.

하버드대학교에서 학생들을 대상으로 "명확한 목표가 있는가?"라는 주제로 설문조사를 했습니다. 84퍼센트는 목표가 없었고, 13퍼센트는 있지만 쓰지는 않았다고 답했습니다. 3퍼센트의 학생들만 목표를 썼다고 답했지요. 10년후 추적조사 결과 목표를 기록한 학생들의 수입이 나머지 학생 전체 수입보다 10배가 많았다고 합니다.

"쓰면 이루어집니다!"

누군가는 이 말에 코웃음을 칠 것이고, 누군가는 간절히 믿으며 실행에 옮길 것입니다. 어쩌면 기록은 꿈을 이루는 행동을 하는데 시초이자 지속적인 힘을 주는 원동력이 아닐까요?

EBS 캠페인 'Make Your Dream 김수영' 편을 보면
그녀의 행보를 살펴볼 수 있습니다.

문해력 높이는 질문 독서

• 책 속에 답이 있는 얇은 질문 만들기

　예시 1 존 아저씨의 꿈의 목록 중 수영하고 싶은 곳은 어디였나요?

　예시 2 타고난 자연주의자란 무슨 말일까요?

• 생각해야 답할 수 있는 두꺼운 질문 만들기

　예시 1 꿈을 기록하면 좋은 점이 있나요? 이유는 무엇인가요?

　예시 2 '꿈은 힘이 세다.'라는 말의 뜻은 무엇일까요?

부모와 아이의 인사이트 확장을 위한 TIP

• 나만의 버킷리스트를 만들고 하나씩 성취해 봅시다.

No.	버킷리스트	성취 날짜	메모
1			
2			
3			
4			
5			
6			
7			
8			
9			
10			
11			
12			
13			
14			
15			

어린이를 위한 시크릿

글, 그림 윤태익, 김현태   출판사 살림어린이   권장 학년 5, 6학년

책 속으로

수 세기 동안 단 1퍼센트만이 알고 있었던 부와 성공의 비밀을 세상에 소개했던 《시크릿》이 어린이를 위한 책으로 나왔다. 동화의 형식을 빌려 '꿈을 이루는 7가지 비밀'을 소개한다.

어린이들의 소중한 꿈을 이루어 주는 비밀 학교가 있다. 이곳에 장난기 가득한 7명의 아이들이 입학한다. 선글라스를 낀 여자를 따라 교실에 들어가자 50대 후반 정도의 남자가 폭죽을 터뜨린다. 바로 아이들을 가르쳐 주실 시크릿 선생님이다. 이 학교의 수업은 단 일주일뿐이다. 시크릿 선생님과 함께하는 아주 특별한 수업에 참여해 보자.

첫째 날에는 그림을 그리며 자신의 재능에 귀를 기울인다. 둘째 날은 마라톤 대회를 하며 목표를 세운다. 셋째 날엔 대청소를 하며 리더의 포용력을 배우고, 넷째 날은 담력 훈련을 통해 공존과 협력을 배운다. 다섯째 날엔 사람 사이의 비밀을, 여섯째 날엔 몸의 비밀을, 마지막 날엔 감정의 비밀을 알게 된다.

어느덧 일주일이 흐르고, 7명의 아이들은 다양한 활동을 하며 자신에게 꼭 필요한 비밀을 전수받는다.

책의 곳곳에는 지혜를 담은 명언과 위인들의 실제 사례를 실어 둔 '시크릿 박스'와 '시크릿 노트'가 있다. 아이들에게 '할 수 있다'는 용기와 자신감을 키워 주고, 자연스럽게 문제해결 능력을 배울 수 있도록 돕는다.

시크릿한 책 속 이야기

> 켈리 최 회장은 10억 빚을 지고 힘든 상황에서 《시크릿》 책을 60번 읽고 100억 부자가 되었다고 회고합니다. 《시크릿》의 핵심인 '끌어당김의 법칙'이 궁금하지 않으신가요?

1단계 '구하기'는 우주에 원하는 것을 요청하는 것입니다. 무엇이 되고 싶은지, 무엇을 갖고 싶은지 정확히 구하는 것입니다.

2단계 '믿기'는 소원이 이미 이루어졌다고 믿는 것입니다. 이미 받은 것처럼 행동하는 것이 핵심입니다.

3단계 '받기' 또한 2단계와 같은 맥락입니다. 이미 받았다고 생각하면 기분이 아주 좋겠지요? 그 기분 좋은 주파수에 계속 머무르면 됩니다.

《시크릿》의 저자 론다 번은 끌어당김의 법칙을 이루기 위한 강력한 도구로 '감사하기'와 '그림 그리기' 2가지를 제안합니다. 먼저 감사하기는 지금 가지고 있는 크고 작은 것에 고마운 마음을 가지는 것입니다. 다음으로 그림 그리기는 원하는 것을 마음속에 생생히 떠올리는 것입니다.

저는 개인적으로 매일 감사 일기를 쓰고, 시각화를 위한 도구로 보물지도를 활용하고 있습니다. 원하는 모습이나 가고 싶은 장소의 사진 또는 그림을 찾아 크게 붙여 두는 것입니다. 매일 감사 일기를 쓰면 하루를 온전히 살아갈 수 있습니다. 작은 선의에도 금방 뜨거워집니다. 보물지도는 마음속으로 잘 떠오르지 않는 이미지를 생생하게 보여 줍니다.

'부모와 아이의 인사이트 확장을 위한 TIP'에서 가족이 함께 꿈으로 향하는 보물지도를 만들어 보길 바랍니다.

문해력 높이는 질문 독서

- 책 속에 답이 있는 얇은 질문 만들기

  [예시 1] 7명의 아이들이 가게 된 곳은 어디였나요?

  [예시 2] 그 곳에서 무엇을 배우게 되나요?

- 생각해야 답할 수 있는 두꺼운 질문 만들기

  [예시 1] 책 속에서 가장 인상 깊었던 이야기는 무엇인가요?

  [예시 2] 시크릿 선생님을 만날 수 있다면 어떤 말을 하고 싶나요?

부모와 아이의 인사이트 확장을 위한 TIP

- 내가 자석이라면 무엇을 끌어당기고 싶은가요? 내가 진정으로 원하는 것
을 생각해서 써 봅시다.

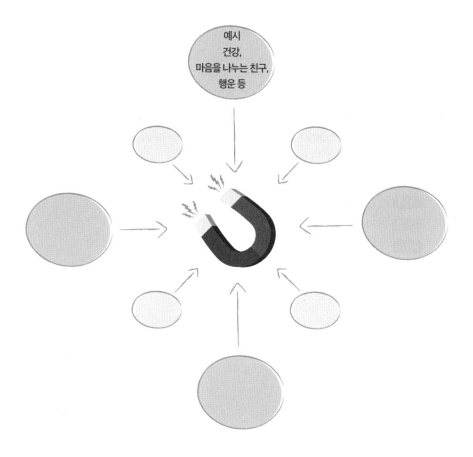

• 다음은 보물지도 만드는 방법입니다. 큰 종이에 가족 보물지도를 만들어 벽에 붙여 보세요.
강력한 시각화 도구는 잠재의식을 바꾸고 꿈으로 향하는 기회를 포착하게 돕습니다. 매일 함께 보면서 꿈을 키워 봅시다.

1단계 코르크보드, 흰 종이(90cm×60cm) 준비 후 이름 써 넣기
2단계 웃고 있는 본인 사진 배치(가족, 친구 가능)
3단계 구체적인 목표를 나타내는 사진, 그림 부착
4단계 달성 기한과 달성 조건 숫자 쓰기
5단계 자신과 사랑하는 사람들에게 어떤 도움이 될지 쓰기
6단계 목표가 인생의 목적/가치관과 부합하는가?
7단계 이번 주/달/오늘 실천 사항 써 넣기
8단계 눈에 자주 띄는 곳에 붙여 두기

※출처:《당신의 소중한 꿈을 이루는 보물지도》, 모치즈키 도시타카, 나라원

- 실천 사항 쓰기(포스트잇에 써서 수시로 붙여도 됨)

  매일:

  이번 주:

  이번 달:

- 보물지도 부착 장소는?

어린이를 위한 그릿

글, 그림 전지은, 이갑규   출판사 비즈니스북스   권장 학년 5, 6학년

책 속으로

초등학교 5학년 선재는 학교에서 '과학 영재'로 불리는 친구다. 과학 실험에 재능은 있지만 끈기가 부족해서 조금만 힘이 들어도 쉽게 포기한다. 과학반에서 활동하면서 자신 있는 실험만 도전하고 잘 안 될 것 같으면 시도조차 하지 않는다. 그래도 교내에서 1등이라 자신 있게 시도 교육청 대회에 나갔는데 은상에 그친다. 당연히 전국대회 출전도 무산되었다.

어느 날 선재는 아빠와 형의 대화를 통해 우연히 '그릿'을 접한다. 하기 싫은 일이라도 해야 하는 이유와 지금보다 더 나아지기 위해 연습이 필요하다는 사실을 알게 된다. 그릿을 되새기며 점점 달라지는 선재, 아이돌 연습생인 형 윤재, 번번이 실패해도 도전을 꺼리지 않는 친구 다윤이 등의 이야기를 읽으며 자연스럽게 그릿을 배울 수 있는 책이다.

책 속에는 생활에서 그릿을 실천할 수 있도록 '생각 키우기' 코너를 넣어 두었다. '내가 정말 하고 싶은 일은 뭘까?' '관심의 싹을 찾고 나서 해야 할 일' '나의 그릿은 얼마나 될까?' '의식적인 연습 100퍼센트 활용법' '목적의식 갖기' '내 꿈을 찾는 로드맵 4단계' 등 동화 내용과 연계한 10가지 주제가 있다.

단순히 질문만 나열한 것이 아니라 책을 읽고 직접 적어 볼 수 있는 '워크북' 형태로 구성되어 있어 다양한 독후 활동에 유용한 책이다.

시크릿한 책 속 이야기

'그릿'이라는 개념을 처음 소개한 사람은 심리학자 앤절라 더크워스입니다. 그녀가 쓴 책 《그릿》은 아마존 165주 연속 베스트 셀러 1위, 전 세계 35개국 출간이라는 엄청난 기록을 일구어 냈습니다. 공립학교에서 수학 교사로 있었던 저자는 높은 학업 성적을 보이는 학생 중 많은 수가 '머리 나쁜' 아이들이었다는 점에 의문을 품습니다. 또 수학 점수가 형편없었던 학생이 세계적인 공학자로 성장하는 모습을 보며 성공하는 데 재능이나 성적보다 더 중요한 무언가가 있다는 사실에 주목하게 되었지요.

이것을 밝히기 위해 힘들기로 유명한 미 육군 사관학교 신입생 훈련에서 누가 끝까지 훈련을 받아내는지, 일상이 거절인 영업직에서 중도 포기하지 않고 좋은 판매 실적을 내는 사람이 누구인지를 연구합니다. 그 모든 성공에 '그릿'이 있었습니다. 그릿이란 '열정이 있는 끈기'로 '실패에도 좌절하지 않고 자신이 이루고자 하는 목표를 향해 꾸준히 정진하는 능력'을 말합니다.

대부분의 사람들이 성공의 요인을 지능, 성격, 경제적 수준, 외모 때문이라고 생각합니다. 하지만 실패, 역경, 슬럼프를 이겨 낸 성공한 사람들이 공통적으로 가지고 있었던 것은 바로 그릿이었습니다.

제가 가르쳤던 학생 중에서 좋은 학교에 진학하거나 원하는 일을 하는 친구들을 보면 하나같이 '과제 집착력'이 높았습니다. 사소한 활동에도 최선을 다하는 열정과 끈기가 있었지요.

"우리 아이에게 '그릿'이 있나요?"

문해력 높이는 질문 독서

• 책 속에 답이 있는 얇은 질문 만들기

> **예시1** '그릿'이란 무엇인가요?
>
> ---
>
> ---

> **예시2** '몰입'과 '의식적인 연습'의 차이는 무엇인가요? 책 속에서 아빠가
> 선재에게 했던 말을 찾아 써 보세요.
>
> ---
>
> ---

• 생각해야 답할 수 있는 두꺼운 질문 만들기

> **예시1** 나 자신에게 '그릿'이 있나요?
>
> ---
>
> ---

> **예시2** 내가 정말 하고 싶은 일은 무엇인가요?
>
> ---
>
> ---

부모와 아이의 인사이트 확장을 위한 TIP

- 자기계발의 완성은 '실천'이지요. 책을 읽고 의식적인 연습 4단계를 행동에 옮겨 봅시다.

1단계 도전적이면서 구체적인 목표 세우기	
2단계 언제, 어디서, 얼마나 집중해서 연습할지 정하기	날짜: 시간: 장소:
3단계 목표 공유하고 피드백 받을 수 있는 사람 찾기	
4단계 반성과 개선을 통한 반복 연습	

\# 문제를 합리적으로 해결하기 위하여

\# 다양한 영역의 지식과 정보를

\# 깊이 있게 이해하고

\# 비판적으로 탐구하며 활용할 수 있는

(지식정보처리 역량)

현직 교사가 알려 주는

자기계발 50
─지식정보처리
역량

책 읽는 유령 크니기 ★2011년 스위스에서 가장 아름다운 책

글, 그림 벤야민 좀머할더   출판사 토토북   권장 학년 1, 2학년

책 속으로

　꼬마 유령 크니기는 생일날 이모에게 책을 선물로 받는다. 설레는 마음으로 책을 펼쳤는데 처음부터 끝까지 텅 비어 있다. 언젠가 크니기는 사람들이 읽는 책을 훔쳐본 적이 있다. 그 책 속에는 분명 온갖 글과 사진으로 가득했다. 글자가 없는 책을 어떻게 읽어야 할까? 크니기는 매우 혼란스럽다. 하지만 책 읽기를 포기할 수는 없는 노릇이다.

　유령 도서관으로 간 크니기는 다른 책들도 뽑아 펼친다. 마찬가지로 텅 비어 있다. 집으로 돌아온 크니기는 한참을 텅 빈 책과 씨름한다. 책에 최면술을 걸기도 하고, 이런저런 주문도 외워 보지만 아무런 소용이 없다. 방구석에 책을 던지고 가만히 누워 있는데 어디선가 사락거리는 소리가 들리기 시작했다. 크니기가 고개를 들어 소리가 나는 곳을 쳐다보면 조용해지고 가만히 귀 기울이면 다시 사락거렸다. 소리의 근원지는 바로 책! 크니기는 단박에 책을 잡아 펼치는데 갑자기 오색찬란한 빛깔의 무늬들이 불꽃처럼 터져 나오기 시작한다.

　크니기는 책을 들고 온갖 상상의 나래를 펼치기 시작한다. 그리고 이내 책 읽는 방법을 발견하고야 만다. 진짜 책을 읽는 방법은 눈으로만 보는 게 아니라는 사실을 말이다.

시크릿한 책 속 이야기

　독일의 대문호 괴테는 "나는 책 읽는 방법을 배우기 위해 80년이라는 세월을 바쳤지만, 아직까지도 잘 배웠다고 말할 수 없다."라는 말을 남겼습니다. 우리 아이들은 초등학교 5학년 국어 '여러 가지 방법으로 읽어요' 단원에서 설명글, 주장글 등의 글의 종류를 배우고 각각에 맞는 읽기 방법을 배웁니다.

그럼 초등학교 저학년 시기의 책 읽기는 어떠해야 할까요? 새로운 정보를 분별하고, 융합하며, 비판하는 역량을 키우기 위한 기초적인 단계로, 문해력을 키우는 적기입니다. 교육부도 그 중요성을 깨닫고 2022 개정 교육과정에서는 초등학교 1-2학년 국어 수업 시간을 34시간 늘렸습니다.

문자 체계의 학습과 관련한 독해 능력을 충분히 습득하는 데 가장 좋은 방법은 역시나 독서입니다. 이를 위해 독서의 즐거움을 깨닫는 것이 무엇보다 중요합니다. 정해진 규칙이나 답을 요구하기보다 자신만의 방법으로 책을 읽으며, 상상의 나래를 마음껏 펼칠 수 있게 도와주세요.

영상 매체에 많이 노출된 아이들은 활자를 읽어 내는 데 어려움을 겪습니다. 이때 글자 없는 책을 보여 주면 어떨까요? 실제로 이런 그림책들이 시중에 꽤 많습니다.

'아동문학 노벨상'으로 불리는 안데르센 상을 한국인 최초로 수상한 이수지 작가를 아시나요? 글 없는 그림책을 만드는 작가로 유명하지요. 《파도야 놀자》를 아이들과 함께 읽었던 기억이 납니다. 그림 속 아이의 표정과 행동, 색상의 변화 등으로 충분히 재미있게 책을 읽어 낼 수 있습니다. 상상의 나래를 펼치면 보이지 않는 것도 보이고, 들리지 않는 것도 들리게 되지요.

문해력 높이는 질문 독서

- 책 속에 답이 있는 얇은 질문 만들기

  예시1 유령 크니기는 누구에게 책을 선물로 받았나요?

  예시2 크니기가 선물받은 책에 어떤 문제가 있었나요?

- 생각해야 답할 수 있는 두꺼운 질문 만들기

  예시1 가장 재미있었던 책을 소개해 볼까요?

  예시2 이 책이 왜 스위스에서 가장 아름다운 책으로 선정되었을까요?

부모와 아이의 인사이트 확장을 위한 TIP

- 《책 읽는 유령 크니기》가 발견한 알록달록 무늬가 참 이쁘지요? 어쩌면 재미있는 책을 읽었을 때 마음속 불꽃이 생기는 것 아닐까요? 나만의 '인생책'을 찾아 즐거운 독서 여행을 떠나 보세요. 그때 터지는 아름다운 불꽃을 그려 넣고 색칠도 해 봅시다.

고양이 해결사 깜냥 1 : 아파트의 평화를 지켜라!

글. 그림 홍민정, 김재희   출판사 창비   권장 학년 1, 2학년

책 속으로

이 책의 주인공은 태어난 지 1년이 조금 지난 떠돌이 고양이다. 이름은 '깜냥'. 이름에서 알 수 있듯 온몸이 까만 털로 뒤덮여 있다. 특이한 점은 사람과 이야기를 나눌 수 있고 책을 읽을 줄 안다. 수준급 춤 실력도 빠트릴 수 없다. 힘도 세서 무거운 짐을 가볍게 들어 옮긴다.

어느 비 내리는 밤 깜냥은 한 아파트 경비실에 나타난다. 경비원 할아버지에게 하룻밤을 재워 달라고 부탁하며 밥을 얻어먹는다. 대신 바쁜 경비원 할아버지의 조수 역할을 자처한다. 할아버지가 아파트 단지를 순찰하러 간 사이 인터폰이 자꾸만 울려댔다.

알고 보니 201호 형제가 장난 전화를 하는 거였다. 깜냥은 부모님이 늦게 오셔서 심심하기도 하고 무섭기도 하다는 아이들의 말을 외면하지 않는다. 두 번째 인터폰은 층간 소음을 해결해 달라는 연락이었다. 602호에 가 보니 여자아이가 춤 연습을 하고 있었다. 깜냥은 아랫집에 방해가 되지 않게 두툼한 매트를 깔고 춤 잘 추는 법까지 알려 준다. 세 번째 인터폰의 주인공은 택배 기사 아저씨였다. 차단기 때문에 택배 물건을 나를 수 없다는 것이었다. 깜냥은 택배 기사 아저씨를 도와드린다.

깜냥은 자신이 필요한 상황에서는 잠시도 망설이지 않고 사건에 뛰어든다. 그렇게 아파트에서 일어나는 일들을 하나둘 해결해 주며 고양이 해결사로 등극한다.

"나는 태어나서 한 번도 슬프거나 힘들다고 생각한 적이 없어. 춥고 배고프고 아플 때도 있지만, 그런 순간에도 희망을 잃지 않아. 힘든 시간을 이겨 내면 반드시 신나고 즐겁고 재미있는 일이 생기거든." 깜냥의 말은 어른들에게도 긍정 에너지를 전해 준다.

시크릿한 책 속 이야기

초등학교 저학년 아이들이 그림책에서 글밥이 많은 문고판으로 넘어갈 때 힘들어 하는 경우가 많습니다. 이때 징검다리 역할을 하는 책이 있어요. 〈고향이 해결사 깜냥〉 시리즈가 대표적인 책입니다. 아이들이 좋아할 수밖에 없는 캐릭터와 흥미진진한 스토리! 이렇게 재미있는 시리즈 책을 도서관에서 찾아 읽기란 '하늘의 별 따기'겠지요? 읽고 싶은 책을 빌리지 못하면 매우 아쉬울 겁니다.

몇몇 아이들은 연체가 되어 읽고 싶은 책을 빌릴 수 없을 때 아무도 찾을 수 없는 엉뚱한 곳에 숨겨 둔다고 합니다. 자기만 알 수 있는 장소로 옮겨 두는 거죠! 사서 선생님에게 들은 이야기인데 그럴 때마다 정말 곤욕스럽다고 해요. 분명 데이터에는 도서실 내에 책이 있다고 뜨는데 대체 어디에 있는지 찾을 수가 없기 때문입니다. 화가 날 법도 한데 아이들의 그 마음이 너무 이해된다는 말씀에 같이 웃을 수밖에 없었습니다.

저학년 아이들에게 인기 만점인 책에는 또 어떤 것이 있을까요? 〈똥볶이 할멈〉, 〈낭만 강아지 봉봉〉, 〈만복이네 떡집〉, 〈내 멋대로 뽑기〉 시리즈 등이 있습니다. 우리 아이들이 책 읽기의 즐거움을 알게 되길 기원합니다.

문해력 높이는 질문 독서

• 책 속에 답이 있는 얇은 질문 만들기

예시1 경비원 할아버지는 어떤 일을 하는 분인가요?

예시2 깜냥이는 경비실에서 며칠 밤을 자고 갔나요?

• 생각해야 답할 수 있는 두꺼운 질문 만들기

예시1 내가 만약 경비원 할아버지의 조수라면 어떨까요? 잘 해결할 수 있는 일과 어려울 것 같은 일을 나누어 써 봅시다.

예시2 깜냥이는 어디로 떠났을까요?

부모와 아이의 인사이트 확장을 위한 TIP

- 깜냥이는 경비원 할아버지의 조수 역할을 시작으로 태권도, 눈썰매장, 편의점 등을 다니며 다양한 직업을 경험합니다. 여러분이 깜냥이라면 어떤 일을 해 보고 싶은가요? 해당 일을 할 때 어떤 어려움이 생길지도 미리 생각해 봅시다.

  모든 일이 장밋빛일 수는 없습니다. 다만 문제 상황을 잘 알고 있으면 대처법이나 해결 방안을 생각하게 되어 어려움을 이겨 내는 데 도움이 됩니다.

경험하고 싶은 직업	어려운 점
(예시) 스턴트맨: 영화나 드라마 등에서 실제 배우가 하기 어려운 장면을 촬영할 때 대신 연기하는 사람	• 건물에서 뛰어내리거나 많은 사람 사이에서 무술을 겨루는 장면 등 위험한 상황이 많아 다칠 수도 있음.

나를 키워주는 생각의 힘

글, 그림 노유경, 폴아 출판사 소년한길 권장 학년 3, 4학년

책 속으로

우리가 생활하는 데 책상, 의자, 침대, 스마트폰 등 많은 물건이 필요하다. 대부분 우리의 생활을 더욱 편리하게 하기 위해 만들어졌다. "방 안이 옷으로 어지럽다."는 문제를 해결하기 위해 옷장이나 서랍장이 생겼다. 문제를 해결하기 위해 고민하는 과정에서 새로운 아이디어가 떠오른다. 그것은 세상을 바꿀 위대한 발명품이 될 수도 있다.

이 책의 저자는 어린이들에게 꼭 필요한 능력이 바로 '문제해결력'이라고 주장한다. 문제해결의 핵심은 '생각의 힘'이다. 이 책에는 어린이들이 스스로 문제를 풀어 나갈 수 있는 방법을 5단계로 정리한다.

첫째, '스스로를 관찰하며 공감하기'다. 내가 겪고 있는 문제를 섬세하게 찾아보는 것이다. 둘째, '해결하고 싶은 문제 고르기'다. 내가 가진 문제들의 우선순위를 정하는 기준을 생각해 본다. 셋째, '여러 가지 아이디어 떠올리기'다. 리서치, 브레인스토밍처럼 다양한 방법으로 문제해결 방법을 떠올려 본다. 넷째, '완벽하지 않아도 빠르게 실험해 보기'다. 다섯째, '잘되지 않은 부분 다시 고쳐 보기'다. 테스트를 해 보며 개선점을 찾는 연습을 한다.

저자는 실제 어린이들이 겪을 만한 생활 속 문제들을 다양한 예시와 활동으로 소개한다. 또 어린이 독자들이 스스로 문제를 해결할 수 있도록 각 단계에 맞는 실천 활동을 제안한다.

시크릿한 책 속 이야기

인공지능의 대표주자인 챗GPT가 전 세계를 강타했지요. 챗GPT는 Open-AI에서 개발한 인공지능 언어모델 중 하나입니다. 대화 형식으로 질문에 답을 해 주는데 일상 대화부터 역사, 과학, 문화까지 모르는 게 없습니다. 채팅이 가능한 백과사전이라고 생각하면 쉽습니다.

무슨 문제가 생겨도 물어볼 수 있는 든든한 인공지능 챗봇이 생겼는데 문제해결 능력이 꼭 필요할까요? 안타깝게도 챗GPT를 비롯한 인공지능 AI는 완벽한 존재가 아니며 한계가 존재합니다. 세상에 존재하는 모든 데이터를 학습하고 객관적으로 분석한다는 것 자체가 어려운 일이기 때문입니다. 때로는 엉터리 답변을 주기도 합니다.

수많은 지식과 정보가 쏟아지는 세상에서 그 정보가 진짜인지, 가짜인지를 파악하고 나에게 꼭 맞는 정보를 찾으려면 생각하는 힘을 길러야 합니다. 생각하는 힘이 곧 문제를 해결하는 기반이 되기 때문이지요. 그래서 질문이 중요합니다. '질문한다'는 것은 곧 '생각한다'는 것과 같은 말입니다.

유대인은 아주 어릴 때부터 질문을 독려합니다. 아이가 학교 수업을 마치고 집에 오면 "무엇을 배웠니?"라고 묻지 않고 "무슨 질문을 했니?"라고 물어본다고 하지요. 꼬리에 꼬리를 무는 질문으로 아이의 사고력을 깨웁니다.

그래서 '문해력 높이는 질문 독서' 같은 활동도 중요합니다. 질문 만들기는 실리콘밸리 초등학교 1학년 학생들이 실제로 '질문 수업'에서 하는 활동이랍니다. 자전거를 잘 타고 싶으면 자전거를 많이 타 봐야 하듯이 질문을 잘하고 싶으면 질문을 많이 해 봐야 합니다.

문해력 높이는 질문 독서

• 책 속에 답이 있는 얇은 질문 만들기

예시 1 UX 디자이너가 하는 일은 무엇인가요?

예시 2 에어비앤비는 어떤 문제를 해결해서 전 세계인이 좋아하는 서비스
가 되었을까요?

• 생각해야 답할 수 있는 두꺼운 질문 만들기

예시 1 내 주변에 어떤 문제가 있는지 살펴봅시다. 그것을 해결하려면 어
떻게 해야 할까요?

예시 2 해결해야 할 일이 많을 때는 우선순위를 정하면 좋습니다. 오늘 할
일을 우선순위대로 써 보세요.

부모와 아이의 인사이트 확장을 위한 TIP

- 아이에게 비밀 일기장을 선물해 주세요.

  우리는 하루 종일 많은 것을 보고, 듣고, 느낍니다. 음식을 먹으면 소화되고 남은 찌꺼기를 소변과 대변으로 내보냅니다. 마찬가지로 생각과 마음 또한 배출할 공간이 필요합니다. 이때 비밀 일기장은 큰 도움이 됩니다.

- 일기 쓰기는 메타인지를 개발하는 좋은 훈련법입니다.

  공부 잘하는 아이들은 메타인지가 높다는 이야기 들어 보았나요? 메타인지란 자기 생각에 대해 생각하는 것입니다. 일종의 자기성찰 능력이지요. 단, 일과를 단순하게 나열하는 식의 일기는 메타인지 향상에 큰 도움이 되지 않습니다. 자신의 하루를 돌아보면서 새롭게 배운 점이나 개선해야 할 점 등 구체적인 생각과 마음 상태를 쓸 수 있도록 해 주세요.

아홉 살에 시작하는 똑똑한 초등신문

글 신효원 출판사 책장속북스 권장 학년 4-6학년

책 속으로

이 책에는 2022년 6월부터 2023년 3월까지의 주요 기사들이 실려 있다. 경제, 과학, 세계, 사회, 환경 분야에서 눈여겨보아야 할 기사를 골라 아이들 눈높이에 맞게 재구성하였다. 한국어 교육 전문가인 저자가 낯선 시사 어휘를 어린이도 이해할 수 있는 고급 어휘로 다듬어 '초등학생에게 최적화된 신문'이다.

특히 수록된 100편의 기사는 초등학생이라면 꼭 알아야 할 최신 이슈로 구성되어 있다. '포켓몬빵 띠부씰의 진실' '줄어드는 아이들 그리고 사라지는 어린이집' '모두가 아픈 전쟁, 이제 좀 그만해요.' '조심! 우주 쓰레기가 머리 위로 떨어질지도 몰라요.' '스위스 빙하가 녹고 있어요.' 등이다.

기사를 읽기 전 배경지식 설명, 기사 내용, 기사를 읽은 후 내용을 정리할 수 있는 빈칸 채우기, ○× 퀴즈, 토론 주제 등을 담고 있어 하나의 기사를 깊이 이해할 수 있다. 비문학 독해는 반복 연습이 필요한 만큼 흥미로운 주제의 신문 기사 읽기로 시작하면 좋겠다.

시크릿한 책 속 이야기

아이들은 의외로 신문을 재미있게 봅니다. 신문은 어렵고 재미없다는 생각은 어른들의 편견일 뿐이랍니다. 신문 헤드라인만 보고 '또 전쟁이야?'라며 기사를 제대로 읽지 않는 어른들도 많지요. 아이들은 다릅니다. 신문 읽기의 물꼬를 틔워 주면 육하원칙을 찾아가며 신나게 읽습니다.

초등학교 2학년 아이들도 가능한 일이에요. 물론 부모님의 도움이 필요합니다. 신문 읽기의 첫 단추가 중요합니다. 처음에는 아이의 관심사에 맞는 주제로 먼저 시작해 보세요. 이 책에는 경제, 사회, 세계, 과학, 환경 기사가 실려 있지만, 스포츠, 예술, 세계 여행, 교육 등 주제는 얼마든지 많이 있어요. 흥미 있는 주제로 시작했다면 점점 각 분야의 최신 이슈를 골고루 습득할 수 있도록 도와주세요.

가정에서 신문 기사를 함께 읽고 관련 영상을 본 아이들은 학교에서 할 이야기가 많아집니다. 그만큼 배경지식이 확장되었기 때문에 수업 시간에 관련 이야기가 나오면 손들기 바쁘지요.

"선생님, 지금 우크라이나에서 전쟁 중이래요. 전쟁이 왜 일어났냐 하면요……."

"이번 주에 월드컵 시작한대요! 카타르에서 하는데 중동에 있는 나라예요."

'아는 것이 힘!'이라는 말이 괜히 있는 게 아니랍니다. 중요한 건 아는 것에서 그치지 않고 함께 이야기 나누며 그 시간을 즐기는 것이에요.

문해력 높이는 질문 독서

- 책 속에 답이 있는 얇은 질문 만들기

  ⬤예시1 포켓몬 띠부씰이 비싸진 이유는 ○○○의 법칙 때문이에요. 띠부씰 양은 적고, 사고 싶은 사람은 많기 때문이지요. ○○○에 들어갈 말은 무엇일까요?

  ⬤예시2 '회색코뿔소'가 무슨 뜻인가요?

- 생각해야 답할 수 있는 두꺼운 질문 만들기

  ⬤예시1 미국의 35대 대통령 존 F. 케네디는 아침에 신문 6개를 읽으며 하루를 시작했다고 합니다. 기업의 CEO들도 마찬가지예요. 성공한 사람들은 왜 신문을 읽을까요?

  ⬤예시2 '블랙스완'은 전혀 예측하지 못했던 일이 일어나 큰 충격을 주는 것을 말합니다. 이런 일을 겪은 적이 있나요?

부모와 아이의 인사이트 확장을 위한 TIP

- 무료로 볼 수 있는 어린이 신문 사이트
  - 어린이 동아일보 https://kids.donga.com/
    https://kids.donga.com/?ptype=board&psub=nie (NIE 활동자료)
  - 어린이 조선일보 https://kid.chosun.com/
  - 어린이 경제신문 https://www.econoi.com/

- 나도 어린이 기자단!
  어린이 기자단 활동을 소개합니다. 직접 취재를 하고 기사를 쓰면 신문에 더 흥미를 가질 수 있어요. '어린이 조선일보 명예기자', '내친구서울 어린이 기자단', '국세청 톡톡 어린이 기자단' 등 다양한 기관과 신문사에서 어린이 기자단을 모집합니다. 해당 지역 신문도 잘 살펴보세요!

  - 어린이 조선일보 명예기자
    https://kid.chosun.com/2020_renewal/page/reporter_kid2.html
  - 내친구서울 어린이 기자단
    https://kids.seoul.go.kr/board/boardDetail.do?p_bbsSn
    =2134514743
  - 국세청 톡톡 어린이 기자단
    https://www.국세청어린이신문.com

• 어린이 기자단으로 선정되었다고 생각하고 신문 기사를 써 볼까요?
기사를 쓸 때는 '육하원칙'을 지켜야 글을 정확하고 자세하게 쓸 수 있어요. 육하원칙이란 '누가, 언제, 어디에서, 무엇을, 어떻게, 왜'의 6가지를 말해요. 원하는 주제를 선정하여 적절한 제목을 작성하고, 육하원칙에 따라 기사 글을 써 봅시다.

취재 대상 혹은 주제 선정
예) 우리 고장 자랑거리 / 지역 축제 소개 / 맛집 탐방 / 화제의 인물 인터뷰 / 학교 행사 등

신문 기사 제목
예) '관광객 10만 명' 몰린 ○○축제 현장!

신문 기사 쓰기
(사진)

봉쭌TV, 가짜 뉴스를 조심해! ★2021 세종도서 교양부문 선정 도서

글, 그림 윤선아, 국민지   출판사 위즈덤하우스   권장 학년 3, 4학년

책 속으로

준희는 같은 반 친구 유미가 부럽다. 유미는 동영상 채널 양윰TV를 운영하고 있다. 초등학생인데 말도 잘하고 영상 촬영도 잘한다. 준희도 유미처럼 1인 크리에이터가 되고 싶어서 삼촌과 함께 동영상 채널 만들기에 도전한다. 알고 보니 1인 방송을 하는 데 돈이 많이 드는 건 아니었다.

주변에 있는 물건으로 1인 방송 도구도 만들고, 저렴이 크리에이터 아저씨의 조언을 들으며 직접 녹음도 했다. 사이트 가입, 채널 아트 만들기, 셀카 찍어 프로필 사진 바꾸기 등 차근차근 하다 보니 어느새 봉쭌TV 채널이 만들어졌다.

그러던 어느 날 양윰TV와 관련한 사건이 발생한다. 유미가 실종되었다는 것이다. 대체 유미에게 무슨 일이 일어난 것일까? 이건 정말 사실일까? 가짜 뉴스에 휘말린 유미를 지켜보면서 준희는 '가짜 뉴스'와 '진짜 뉴스'를 구별하는 눈을 키우게 된다.

흥미진진한 이야기 속에 다양한 매체에 대한 정보, 미디어란 무엇이고 어떻게 이용해야 하는지, 가짜 뉴스는 어떻게 구별하는 지 등을 재미있게 배울 수 있다.

시크릿한 책 속 이야기

"선생님 유튜브 구독해 주세요!"

벌써 6년 전 일입니다. 그 해 6학년 아이들을 가르쳤는데 몇몇 아이들이 유튜브 채널을 만들었더라고요. 그 당시만 해도 구독자가 100명이 되면 광고를 붙여 수익을 얻을 수 있었습니다. 어떤 영상을 올리나 봤더니 게임 소개와 전략 설명, 노래 추천, 웃긴 춤추기 등이었어요. 어떤 친구는 웹툰 작가가 되고

싶다며 만화 그림을 열심히 그리고 있었지요.

이미 많은 어린이가 다양한 SNS, 유튜브와 같은 동영상 공유 플랫폼을 일상적으로 이용하고 있습니다. 어른보다 미디어를 더 잘 활용하고 조작하는 아이들도 있지요. 반면 이 미디어를 비판적으로 이해하고 창의적으로 활용하는지, 상대에게 공감하고 올바른 상호작용을 하는지는 의문입니다. 이 모든 것을 '미디어 리터러시'라고 합니다. 초등학교에서 창의적 체험활동 수업 등에 시간을 할애하여 배웁니다만 가정에서도 협력이 필요합니다.

어느 해에 해당 학년 남학생들 사이에서 알 수 없는 영문 조합을 외우고 다니기 시작했어요. www으로 시작하는 걸 보면 웹사이트 주소 같은데 전혀 모르는 사이트였어요. 알고 보니 야한 동영상을 볼 수 있는 곳이었지요. 그 일을 알고 바로 해당 학부모에게 연락을 드렸더니 매우 놀라시더라고요.

저도 아이를 키우는 입장에서 생각이 참 많아졌어요. 언제나 모든 가능성을 열어두고 '미디어 리터러시', '성교육' 등을 해야겠다고 다짐하는 순간이기도 했지요.

문해력 높이는 질문 독서

• 책 속에 답이 있는 얇은 질문 만들기

예시 1 유튜브 같은 동영상 공유 사이트에 영상을 만들어 올리는 개인 창작자를 무엇이라고 부를까요?

• 생각해야 답할 수 있는 두꺼운 질문 만들기

예시 1 가짜 뉴스는 왜 생길까요?

예시 2 나도 모르는 내 사진이 인터넷에 나오면 기분이 어떨까요?

예시 2 '보이스피싱'이란 무엇인가요?

부모와 아이의 인사이트 확장을 위한 TIP

• 만약 디지털 크리에이터가 된다면 어떤 채널을 운영하고 싶은가요? 어떤 크리에이터가 되고 싶은지 다짐도 써 볼까요?

채널명	채널 특징, 운영자가 잘 드러나는 이름(같은 이름 사용하는 사람 없는지 확인!) 예) 책사언니 정쌤
채널 주제	한 가지 주제가 좋지만 비슷한 내용으로 2~3개 가능해요! 예) 책 추천, 공부법
채널 타깃층	이 채널은 누가 좋아할까요? 예) 어떤 책을 읽을지 고민되는 사람, 초등학생을 키우는 부모님
나는 어떤 크리에이터가 되고 싶은가?	예) 1일 1독으로 출간 작가가 되고, 유튜버, 강사까지 영향력을 계속 펼쳐 나가면서 알게 된 배움과 깨달음을 나누며 함께 성장하는 크리에이터가 되고 싶다.

초등 필수 백과

글 Jane Parker Resnick, Rebecca L. Grambo   출판사 삼성출판사   권장 학년 3, 4학년

책 속으로

이 책은 미국 Kidsbooks 출판사에서 출간한《Biggest Book of Questions & Answers》의 한국어판이다. 초등학생이 꼭 알아야 할 739가지 지식을 쉽고 재미있게 알려 준다. 동식물, 인체, 인물, 지구, 역사, 지리, 우주, 상식, 발명, 발견, 원리 등 다양한 분야를 아우르고 있다. 특히 초등학교 사회, 과학 교과의 핵심 내용과 연계되어 있어 책을 통해 자연스러운 선행 학습이 가능하다.

"뱀은 모두 독이 있을까?" "얼룩말과 호랑이는 왜 줄무늬가 있을까?" "화석은 어떻게 만들어질까?" "파리는 왜 눈이 클까?" 등 흥미로운 주제가 가득하다. 자칫 딱딱하거나 어려울 수 있는 내용은 재미있는 그림과 한눈에 들어오는 도표를 이용하여 이해를 돕는다.

시크릿한 책 속 이야기

"이야기책만 읽는데 괜찮나요?"

학부모 상담 중에 종종 듣는 말입니다. 아이가 이야기책만 읽고 비문학 책은 읽지 않아 걱정스러운 마음에 하시는 질문이지요. 결론부터 말씀드리면 이야기책은 충분히 읽어야 하고 계속 읽어야 합니다. 하지만 학년이 올라갈수록 지식 책도 함께 읽어야 합니다.

3학년이 되면 1, 2학년 때 배운 통합 교과목이 사회, 과학, 음악, 미술, 체육 등으로 분화됩니다. 이 중에서 사회와 과학은 교과서를 읽는 것만으로 한계가 있습니다. 교과서는 다양한 지식을 폭넓게 가르치고 수업을 보조하기 위한 최소한의 자료입니다. 교과서가 기본이긴 하지만 교사도 수업에 아이들의 이해를 돕고자 다양한 책이나 영상, 학습지를 동원합니다. 하지만 모든 내용을 담을 수는 없습니다.

3학년 과학에서 '배추 애벌레의 한 살이'를 예로 들어 〈동물의 한 살이〉라는 단원을 배웁니다. 그런데 동물이 배추 애벌레만 있는 건 아닙니다. 교과서의 한계를 보완하고 배경지식을 확장하기 위해 지식 책을 읽어야 합니다.

특히 초등학교 4학년까지는 '구체적 조작기'인 반면 5학년부터는 '형식적 조작기'가 시작됩니다. 중학교 교육과정과 연계하여 추상적이고 복합적인 내용을 책을 통해 배워야 합니다. 지식 책의 시작으로 학습 만화를 활용하기도 하는데 5학년부터는 줄글을 권장합니다. 깊이 있는 지식 책으로 곧장 들어가기 전 지식 백과사전처럼 생활 속 호기심을 풀어 주는 흥미로운 이야기로 시작해 보면 좋겠습니다.

문해력 높이는 질문 독서

• 책 속에 답이 있는 얇은 질문 만들기

　예시 1　스컹크의 방귀는 왜 지독할까요?

　예시 2　거미는 왜 곤충이 아닐까요?

• 생각해야 답할 수 있는 두꺼운 질문 만들기

　예시 1　책에서 가장 인상 깊었던 내용은?

　예시 2　또 다른 궁금한 점이 있나요?

부모와 아이의 인사이트 확장을 위한 TIP

• 숨은 보석 찾기! 책에서 읽은 보석 같은 정보를 찾아서 필요한 사람에게
  선물해 주세요.

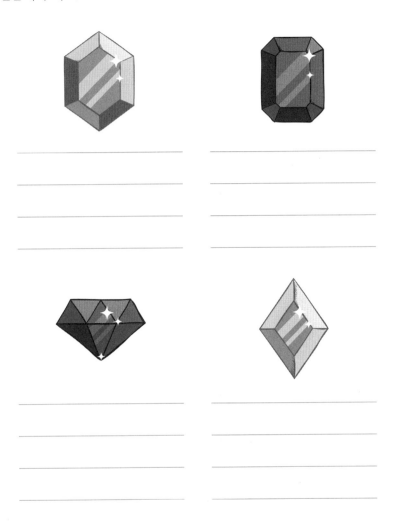

한 번에 쏙쏙! 허쌤의 공부가 좋아지는 공책필기

글, 그림 허승환, 허예은 출판사 테크빌교육 권장 학년 3-6학년

책 속으로

이 책은 마인드맵, 씽킹맵, 코넬노트 쓰는 법, 오답노트 작성법 등 다양한 공책 필기 방법부터 공부 퀴즈 만드는 법, 333 공부법 등 공부를 잘하고 싶은 어린이를 위한 다양한 방법을 모은 책이다. 허승환 선생님이 반 아이들과 본인의 자녀를 수년 동안 지도했던 방법을 이 책에 모조리 담았다고 해도 과언이 아니다.

본격적인 공책 필기에서는 어린이들이 자신의 수준을 6단계로 진단한 뒤 스스로 발전시켜 나갈 수 있게 돕는다. 형형색색 예쁘게 정리하는 공책 필기가 아니라 스쳐 가는 지식을 붙잡아 머릿속에 안착시키는 데 도움을 준다.

전작《공부가 좋아지는 허쌤의 공책 레시피》의 어린이용 도서다. 무조건 공부하라고 말하기보다 어떻게 공부해야 하는지 보여 주는 책으로 학생, 학부모, 선생님 모두 함께 보기 좋은 책이다.

시크릿한 책 속 이야기

"다 아는 줄 알았는데 이렇게 많이 틀리다니!"

"열심히 공부하는데 성적이 오를 생각을 안 하네."

혹시 이런 생각이 든다면 메타인지를 점검해 볼 시간입니다. 본인이 무엇을 알고 무엇을 모르는지 살펴봐야 합니다. 메타인지란 '인지 위의 인지', '생각 위의 생각'으로 자신의 생각을 꿰뚫어보는 고차원적인 생각 기술입니다. 특히 자신이 아는 것과 모르는 것을 구분하고, 잘 모르는 것을 공부하기 위해 계획을 세워 실천하는 전반적인 능력을 포함합니다.

EBS의 한 다큐멘터리에서는 최상위권 학생과 평범한 학생들의 차이가 바로 '메타인지'에서 비롯한다는 사실을 밝혔습니다. 우리는 흔히 공부를 잘하

는 아이들은 남다른 유전자나 부모의 경제력 때문이라고 생각합니다. 하지만 뛰어난 학습력의 비결은 다름 아닌 '나 자신을 잘 아는 것'이었지요.

공책 필기나 칠판 활용 공부법 등도 상위권 학생들이 활용하는 공부법으로 유명합니다. 노트나 칠판에 배운 내용을 쓰면서 공부하다 보면 '자신이 아는 것과 그렇지 않은 것'을 한눈에 알 수 있기 때문입니다. 이때 자신의 생각에 대한 생각 능력인 메타인지 능력이 활성화되는 것이지요.

초등학교 3학년, 늦어도 4학년부터는 배운 내용을 정리해 보는 '나만의 노트법'을 가질 수 있도록 학교와 가정에서 적절한 지도가 필요합니다.

허승환쌤 운영하는 꿀잼교육연구소
'공책정리법' 영상

문해력 높이는 질문 독서

• 책 속에 답이 있는 얇은 질문 만들기

예시 1 책에 나온 4가지 공부 목표는 무엇인가요?

예시 2 '똑기질끄나' 수업 태도는 무엇을 뜻하나요?

• 생각해야 답할 수 있는 두꺼운 질문 만들기

예시 1 공부를 왜 해야 할까요?

예시 2 책에서 소개한 공책 필기법 중 활용해 본 것이 있나요?

부모와 아이의 인사이트 확장을 위한 TIP

• 오늘 학교에서 배운 내용을 코넬 노트 작성법을 활용하여 정리해 봅시다.

① 제목 칸 (날짜, 단원명, 학습 문제 등)	
③핵심 단어 칸 (오른쪽 내용 정리 칸에서 가장 중요한 핵심 단어 적기)	②내용 정리 칸 (중요한 내용을 번호 달아 정리)
④요약 칸 (내용 정리 칸의 내용을 3~5줄 이내로 요약. 학습 문제에 대한 대답)	

비판적 사고력

글, 그림 마르크 가스콘, 에두아르드 알타리바   출판사 아름다운 사람들   권장 학년 5, 6학년

책 속으로

　이 책은 비판적 사고력이 무엇이고 왜 필요한지 알려 준다. 특히 비판적 의견을 무시한 대가가 무엇인지 리먼 브라더스 파산, 후쿠시마 원전 사고 등 다양한 실제 사례를 통해 설명하고 있다. 또 역사, 환경, 과학 등 다양한 분야에서 비판적 사고가 어떻게 작용하고 우리 사회를 어떻게 변화시키는지에 대한 상세한 안내를 담고 있다.

　비판적 사고는 의문을 제기하는 능력이자 다르게 연결하는 생각이다. 많은 사람들이 사과가 떨어지는 것을 봤지만 '왜'라고 질문한 사람은 뉴턴뿐이었다. 이런 비판적 사고 덕분에 인류가 발전해 왔고 미신과 독단, 차별과 불평등에 대항해 세상을 더 나은 곳으로 만들어 왔다.

　비판적 사고는 자신을 보호하기 위해서도 꼭 필요하다. 인터넷과 인공지능의 발달에 힘입어 허위 정보, 언론 조작 등이 점점 늘어나는 시대에 세상을 제대로 보고 불의에 맞서기 위해 꼭 필요한 능력이기 때문이다.

　얇고 그림이 많은 책이라 저학년용으로 생각할 수도 있지만 고학년에 적합한 내용이다. 되도록 어른이 함께 읽고 이야기 나눌 것을 권장한다.

비판적 사고력은 어떻게 길러질까요? 무조건 비난하고 부정적인 반응을 보이는 것이 비판적 사고라고 착각하는 어린이들을 만날 때가 있습니다. 우선 정확하게 비판적 사고가 무엇인지 알 필요가 있겠습니다.

다음으로 비판적 사고를 훈련하여 실생활에 적용해야겠지요. 비판적 사고력을 기르려면 단순히 새로운 정보를 받아들이는 것이 아니라 기존 지식과의 연결성을 고려해야 합니다. 만약 수업 시간에 수학을 배웠다면 거기서 끝나지 않고 일상생활, 경제, 신문 기사 등에 나온 사건 등과 다양하게 연결해 보는 것도 좋습니다.

비판적 사고력은 단시간에 기를 수 있는 능력이 아닙니다. 평소 꾸준한 독서와 신문 읽기 등에 시간을 할애해야 합니다. 이야기책을 읽고 나서 육하원칙에 따라 사건이 일어난 순서를 정리해 봅니다. 혹은 한 문단을 읽고 한 문장으로 요약해 보는 활동도 도움이 됩니다. 또 매일 신문 읽기가 부담스럽다면 평일에는 관심 가는 신문을 스크랩하고 주말을 활용하여 읽어 보거나 관련한 질문 만들기 활동을 해 봅니다.

평소 가족, 학교, 사회 문제를 해결하기 위한 토의나 찬반을 나누어 토론을 해 보는 것도 좋습니다. 나와 다른 사람의 의견을 비교해 보고 서로의 의견에 반박하고 수정하는 과정에서 비판적 사고력이 길러집니다.

문해력 높이는 질문 독서

- 책 속에 답이 있는 얇은 질문 만들기

  예시1 '소행성 충돌설'은 무엇인가요?

  예시2 미국에서 가장 큰 자동차 회사였던 제너럴 모터스는 왜 파산하였
  나요?

- 생각해야 답할 수 있는 두꺼운 질문 만들기

  예시1 비판적 사고력은 왜 필요하다고 생각하나요?

  예시2 비판적 사고력을 기르기 위해 실천할 일은 무엇인가요?

부모와 아이의 인사이트 확장을 위한 TIP

- 비판적 사고력을 기르는 보드게임!
  보드게임을 통해 감정과 행동 조절 능력, 비판적 사고력, 관계 기술 등을
  익힐 수 있습니다. 신문 읽기와 토론 등이 어렵다면 수준에 맞는 보드게임
  을 먼저 활용해 보세요.

| 우노 | 잼블로 | 우봉고 | 뱅 | 다빈치 코드 |

루미큐브   스플렌더

- 두뇌 계발 놀이

칠교놀이   펜토미노   스도쿠 퍼즐

폭넓은 기초 지식을 바탕으로
다양한 전문 분야의 지식, 기술, 경험을
융합적으로 활용하여
새로운 것을 창출하는

창의적 사고 역량

현직 교사가 알려 주는

자기계발 50
—— 창의적 사고
역량

이게 정말 사과일까? ★제61회 산케이 아동출판문화상 수상, 제6회 MOE 그림책 대상

글, 그림 요시타케 신스케   출판사 주니어김영사   권장 학년 1, 2학년

책 속으로

어느 날 한 소년이 집에 와 보니 책상 위에 빨간 사과가 놓여 있었다. 소년은 호기심이 발동하여 '이게 사과가 맞을까?'라며 자유로운 생각의 나래를 펼치기 시작한다. 분명 주인공은 사과를 처음 본 것이 아닐 것이다. 하지만 계속해서 다른 것을 상상하기 시작한다. 색, 모양에서 시작해 크기와 모습이 변하는 것을 상상하기에 이른다. 더 나아가 사과가 사람일 거라는 생각으로 이름을 지어 주기도 한다.

생각은 꼬리에 꼬리를 물고 엉뚱한 방향으로 자꾸만 이어진다. 이 사과가 어쩌다 자기 집까지 왔을까 고민하다 언젠가 자신을 떠날지도 모른다는 생각에 한 입 먹어 볼까도 생각한다. 그러자 어떤 맛일지, 향이나 질감은 어떨지에 대한 상상이 이어진다.

이렇게 '사과'라는 사물에 대한 고정관념에서 벗어나 마음이 가는 대로 상상하고 추론해 보는 '생각의 힘'을 알려 주는 책이다. 특히 사과에게 감정이 있어 슬플 때는 색깔이 바뀌거나 특정 부위를 만지면 '헤헤헤' 웃으며 간지럼을 탈지도 모른다는 부분에서 소년의 창의적인 생각에 덩달아 유쾌해지는 그림책이다.

상상의 나래를 펼치는 데 필요한 건 달랑 사과 하나였네요. 흔하디 흔한 사과 하나로 온갖 공상, 의심, 환상을 보여 줍니다. 이 책을 통해 '상상은 참 즐거운 일'이라는 생각을 하게 됩니다. 사실 우리 아이들은 호기심 천국이었습니다. 이 책의 주인공보다 더하면 더했지 결코 부족하지 않을 것입니다. 하지만 시간이 지날수록 궁금증이 사라집니다. 덩달아 질문도 사라지지요.

질문하는 사람은 생각하는 사람과 동의어가 아닐까요? 질문이 사라진다는 말은 생각이 줄어든다는 뜻일지도 모릅니다. '생각하는 힘'을 기르려면 질문을 해야 합니다. 궁금증은 어떤 대상에 대한 관심과 호기심에서 시작하지요. 인공지능 시대에 더욱 중요해진 창의력은 기존의 것을 새롭게 바라보고 남들과 다르게 생각하는 데서 옵니다.

오늘부터 주인공처럼 '상상 훈련'을 시작해 보면 어떨까요? 주인공의 '사과 상상'처럼 말이에요. 눈앞에 어떤 사물이 보이나요? 의자? 바나나? 안경? 무엇이든 좋습니다. 그것의 원래 쓰임에서 벗어나 새로운 이야기를 써 봅시다. 책을 읽고 상상하는 훈련도 좋습니다. 괴테의 어머니는 이야기를 들려주다 멈춘 후 다음 이야기를 상상하도록 했다고 합니다. 괴테가 세계적인 문호가 된 것은 이 상상 훈련 덕분 아닐까요?

문해력 높이는 질문 독서

- 책 속에 답이 있는 얇은 질문 만들기

  예시 1 주인공이 처음 사과를 발견했을 때 어디에 놓여 있었나요?

  예시 2 주인공은 마지막에 사과를 어떻게 했나요?

- 생각해야 답할 수 있는 두꺼운 질문 만들기

  예시 1 사과에게 형제나 자매가 있다면 이름이 무엇일까요?

  예시 2 사과를 보면 어떤 생각이 드나요?

부모와 아이의 인사이트 확장을 위한 TIP

• 책 쓰기에 대한 새로운 도전
요시타케 신스케 작가는 출간 전부터 페이스북(https://ja-jp.facebook.com/
ringokamoshirena)을 개설하여 그림책 제작 일기, 일문일답 등을 올려 많
은 관심을 받았습니다. 또 일본에서 인기를 끌었던 이 책이 어떤 식으로
활용되었는지도 살펴볼 수 있답니다.

- 스캠퍼(SCAMPER) 질문법

자유롭게 아이디어를 떠올리고 상상력을 키우도록 도와주는 체크리스트입니다. 브레인스토밍을 만든 오스본(Alex Osborn)이 아이디어를 낼 수 있는 질문을 만들었는데, 이것을 에이벌(Bob Eberle)이 7개로 줄였습니다. 각 질문의 앞 글자를 따서 '스캠퍼'라고 이름을 붙였습니다. 스캠퍼는 다양한 아이디어를 떠올릴 수 있게 도와주는 도구입니다.

S ubstitute (대체하기/바꾸어보기) ××를 ○○으로 대신한다면? 무엇을 대신 사용할 수 있나?
예) 주인공이 키우는 반려동물이 개가 아니라 토끼였다면 어떤 일이 생길까?

C ombine (결합하기) ××와 ○○을 합친다면? 다르거나 비슷한 것을 결합할 수 있을까?
예) 연필에 형광펜을 결합해서 사용하면 어떨까?

A dapt (응용하기) 이것과 비슷한 건 뭐지? 조건이나 목적에 알맞게 적용할 수 있을까?
예) 온도에 따라 색상이 변하는 물질을 숟가락에 사용해 볼 수 있을까?

M odify (변형하기) 모양이나 색깔, 형태를 어떻게 바꿀 수 있을까? 더 크게(작게) 바꾸면?
예) 뒷이야기를 바꿔 보면?

P ut to other uses (변경하기) 책 속 사물을 다른 용도로 사용하면? 일부 기능을 수정하면?
예) 페트병으로 생활용품을 만든다면?

E liminate (제거하기) 없애 버린다면? 어떤 부분이나 기능을 뺄 수는 없을까?
예) 만약 ○○사건이 일어나지 않았다면? 이 책의 주인공에게 ○○한 성격이 없었다면?

R earrange (재배치) 순서를 바꾸거나 역할을 바꾸면? 방법이나 모양을 다르게 하면?
예) 이야기 순서를 바꾸면? 등장인물의 역할이 바뀐다면?

• 아이디어 떠올리기

SCAMPER 아이디어 떠올리기   주제: 우산

대체하기	결합하기	응용하기	변형하기

변경하기	제거하기	재배치

SCAMPER 아이디어 떠올리기   주제:

대체하기	결합하기	응용하기	변형하기

변경하기	제거하기	재배치

구름공항 ★칼데콧 아너 상 수상작

글, 그림 데이비드 위스너   출판사 시공주니어   권장 학년 1, 2학년

책 속으로

　　주인공 소년은 친구들, 선생님과 함께 현장체험학습을 간다. 장소는 뉴욕 엠
파이어 스테이트 빌딩으로 1931년에 건립된 102층짜리 초고층 건물이다. 소
년은 86층 전망대에서 자신의 모자와 머플러로 장난을 거는 꼬마 구름을 만
난다.

　　꼬마 구름은 소년을 구름 발송센터로 안내한다. 그곳에서 만난 구름들이 소
년에게 다른 개성 있는 모양으로 디자인해 달라고 요청한다. 소년은 평소 자
주 그리는 물고기 그림을 그려 보여 준다.

　　소년이 디자인한 다양한 물고기 구름들이 하늘을 뒤덮자 구름 발송센터는
대혼란이 빚어진다. 사건의 주동자로 지목된 소년은 결국 문제아로 낙인 찍
혀 추방을 당한다. 하지만 많은 사람과 동물들은 그 놀랍고 근사한 장면에 매
료된다. 평범했던 뉴욕 맨해튼 하늘이 바다로 변하며 특별한 시간이 펼쳐졌기
때문이다.

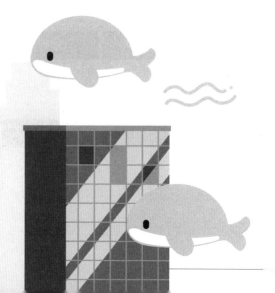

시크릿한 책 속 이야기

이 책의 저자 데이비드 위스너는《구름공항》이후에도 그림만으로 이야기를 구성한 작품들을 계속 선보였습니다. 글자 없는 그의 작품들은 칼데콧 상을 여섯 번이나 수상하였지요. 그의 작품들이 독자들에게 사랑받는 이유는 뛰어난 작품성도 있겠지만 이웃과 자연에 대한 따뜻한 시선과 유머의 힘 덕분일 것입니다. 데이비드 위스너의 또 다른 그림책을 찾아 읽어 보고 상상력을 펼쳐 보세요.

《시간 상자》, 시공주니어
《이봐요, 까망 씨!》, 비룡소
《이상한 화요일》, 비룡소
《아기돼지 세 마리》, 마루벌
《아트와 맥스》, 시공주니어
《내가 잡았어!》, 시공주니어
《로보베이비》, 시공주니어

문해력 높이는 질문 독서

- 책 속에 답이 있는 얇은 질문 만들기

  예시1 주인공의 모자, 목도리, 장갑을 빼앗아 간 건 누구였나요?

  예시2 주인공이 그려 준 것은 무엇이었나요?

- 생각해야 답할 수 있는 두꺼운 질문 만들기

  예시1 구름공항에 간다면 가장 먼저 무엇을 보고 싶나요?

  예시2 글자 없는 그림책을 처음 봤을 때 어떤 기분이었나요?

부모와 아이의 인사이트 확장을 위한 TIP

• 구름 상상화 그리기! 가끔 친구들 중에 구름을 보고 '탈 것'이나 '동물' 등을 떠올리기도 합니다. 지금 하늘을 올려다보세요. 무엇이 떠오르나요? 마음껏 상상하여 4킷 이야기를 그림으로만 나타내 봅시다

1	2
3	4

딴생각 세탁소

글, 그림 홍민정, 김도아   출판사 좋은책어린이   권장 학년 1, 2학년

책 속으로

주인공 나루는 호기심이 많아 엉뚱한 생각을 잘 하는 아이다. 등굣길에는 교실로 바로 가지 않고 정원에 가서 개미구멍과 개미 관찰을 즐긴다. 작가와의 만남이 있는 수업 시간에는 작가의 질문에 엉뚱한 대답을 하여 교실이 웃음바다가 된다.

어느 날 나루네 반은 과학관으로 체험학습을 간다. 가전제품 특별 전시장을 관람하며 사진 찍기 이벤트에 참여하던 도중 딴생각에 빠진 나루가 전선에 걸려 넘어진다. 하필 모니터가 고장 나고 사진을 찍지 못하게 된 아이들의 원망을 듣는다.

도망치듯 화장실로 달려간 나루가 자신의 행동을 반성하며 다시 전시장으로 돌아왔는데 아무도 없다. 대신 전시장 한쪽 벽면에 '딴생각 세탁소'가 보였다. 딴생각을 없애 주는 세탁기라는 말에 잠시 고민하던 나루는 딴생각을 세탁하기로 한다.

그날 이후 나루는 딴생각을 하지 않는 대신 입력된 대로만 말하고 움직이는 로봇처럼 변한다. 친구들은 나루가 이상하고 재미없는 아이가 되었다고 생각한다. 다행히 승아의 도움으로 다시 딴생각을 하게 된 나루는 자신의 개성을 살리며 엉뚱한 상상을 즐기는 원래의 모습으로 돌아온다.

시크릿한 책 속 이야기

> 학기초 서먹서먹했던 시간이 지나 교실이 시끌벅적해질 무렵, 아이들의 태도만큼이나 교과서도 자유로워집니다. 따스한 햇살이 들어오는 창 너머를 멍하게 쳐다보는 아이들도 생기고, 교과서에 끄적끄적 낙서를 하는 친구들도 생깁니다. 어느새 국어는 '북어'가, 도덕은 '똥떡'으로 변하지요.
>
> 대개 어른들은 딴생각을 하거나 낙서를 하는 어린이들을 혼내기 마련입니다. 하지만 이 책을 쓴 홍민정 작가는 모든 딴생각이 나쁜 것이 아니라고 말합니다. 정해진 대로 생각하지 않고 남과 다르게 생각하는 것의 긍정적인 면이 있음을 나루의 경험을 통해 보여 주고 싶었던 것이지요.
>
> 세계적인 기업 애플의 시작에는 'Think Different(다르게 생각하기)'가 있습니다. 남과 다른 생각이 세상을 바꿉니다. 창조와 혁신의 기초가 바로 딴생각인 셈입니다. 세상에 없는 것을 생각해 내는 과정이 곧 창조이고, 이것은 결코 쉽지 않은 일입니다.
>
> 이 어려운 걸 해 내고 있는 아이가 주변에 있다면, 이번 기회에 그 딴생각을 적극 응원해 보면 어떨까요? 정해진 틀에 따르지 않고 자유롭게 생각하다 보면 자연스레 창의성이 길러질 것입니다.

문해력 높이는 질문 독서

• 책 속에 답이 있는 얇은 질문 만들기

> **예시1** 작가와의 만남 시간에 작가는 나루에게 어떤 질문을 했나요?

> **예시2** 딴생각 세탁기 사용법은 무엇인가요?

• 생각해야 답할 수 있는 두꺼운 질문 만들기

> **예시1** 딴생각을 자주 하는 것의 장점과 단점을 하나씩 말해 봅시다.

> **예시2** 만약 내가 나루라면 딴생각 세탁기를 사용하겠습니까? 그 이유는 무엇인가요?

부모와 아이의 인사이트 확장을 위한 TIP

• 나도 세탁기 발명가

《걱정 세탁소》,《딴생각 세탁소》에 이어 내가 만들어 보고 싶은 세탁소가
있나요? 그 작동법과 효과를 써 주세요.

작동법 및 효과

스마트폰 끄고 재미있게 노는 방법 100

글, 그림 크리스 허시먼, 엘리사 파가넬리   출판사 아울북   권장 학년 2, 3학년

책 속으로

이 책은 스마트폰, 게임기, TV 등 디지털 기기 없이 놀 수 있는 100가지 방법을 담고 있다. 크게 실내 놀이, 야외 놀이, 이동 중 놀이로 나뉘며 모두 특별한 재료 없이 가능한 것들이다. 가만히 앉아 수동적으로 행동하는 가상 체험에서 벗어나 직접 몸을 움직이는 진짜 체험을 소개한다.

실내 활동으로는 빨래집게 나비 만들기, 비닐 백 아이스크림 만들기, 집에서 볼링하기 등 47가지 놀이가 있다. 야외 놀이는 방수포 미끄럼 타기, 무지개 비눗방울 불기 등 26가지 놀이로 구성되어 있다. 이동 중 놀이는 미스터리 뽑기 봉투, 여행자를 위한 빙고 게임, 같은 차를 찾아라 등 27가지 놀이가 있다.

시크릿한 책 속 이야기

요즘 집집마다 '전쟁'을 겪고 있습니다. 바로 스마트폰 전쟁이지요. 디지털 기기를 통한 휴식은 진정한 놀이도 쉼도 아닙니다. 특히 짧은 동영상은 시청각 자극이 강하여 일상의 자극을 시시하거나 밋밋하게 느껴지게 만듭니다. 또한 디지털 기기 속 화면에 갇혀 공감 능력이 낮아지고 우울, 불안을 더 자주 느낄 수도 있습니다. 도리어 스트레스를 얻는 꼴입니다.

막상 스마트폰을 끄고 난 아이들은 무엇을 하며 놀아야 할지 막막합니다. 제가 어릴 때만 해도 방과후 동네에는 고무줄놀이, 공기놀이, 사방치기 등 다양한 놀이를 하는 친구들이 많았습니다. 그런데 요즘 아이들은 운동장에 사방치기가 그려져 있어도 놀이 방법을 몰라서 하지 못하는 경우가 허다합니다. 운동장 자유 시간에 모두 놀이터 놀이기구에 매달려 있거나 축구, 줄넘기 등 정형화된 스포츠를 즐깁니다. 기껏해야 팀을 나눠 잡기 놀이를 하는 정도가 전부이지요.

《탈무드》에 "물고기를 잡아 주면 하루를 먹고살 수 있지만 물고기 잡는 방법을 알려 주면 평생을 먹고살 수 있다."는 구절이 있습니다. 스마트폰 밖의 다양한 놀이를 경험하면 창의적인 생각을 하게 되고, 새로운 놀이를 주도적으로 이끌 힘이 생깁니다. 또 자신의 시간을 다양하게 활용할 수 있게 되지요. 가족, 친구와 함께 놀면서 친밀감을 쌓고 공감 능력을 기를 수도 있습니다. 더 늦기 전에 아이들과 몸으로 하는 다양한 놀이를 즐겨 주세요.

문해력 높이는 질문 독서

• 책 속에 답이 있는 얇은 질문 만들기

   예시1 자동차 번호판 놀이는 무엇인가요?

   예시2 책에 나오는 '벌에게 집 지어 주기' 놀이에서 필요한 재료는?

• 생각해야 답할 수 있는 두꺼운 질문 만들기

   예시1 가장 기억에 남는 놀이는 무엇인가요?

   예시2 실내에서 할 수 있는 새로운 놀이를 개발해 보세요.

부모와 아이의 인사이트 확장을 위한 TIP

- 책에 있는 놀이를 직접 해 봅시다. 추천하고 싶은 친구에게 놀이 방법과 소감을 적어 짧은 메모를 전해 보세요.

- 스마트폰 없이 재미있게 놀 수 있는 나만의 놀이가 있다면 소개해 주세요. 만약 없다면 새로 개발하여 놀이 방법을 적어 볼까요?

역사를 바꾼 위대한 알갱이 씨앗 ★2013 한국출판문화산

글, 그림 서경석, 이경국   출판사 미래아이   권장 학년 전 학년

책 속으로

　이 책은 씨앗의 이야기다. 역사를 주도한 건 인간이지만 역사를 바꾼 건 씨앗이다. 인간은 씨앗을 발견하면서 굶주림에서 벗어날 수 있게 되었다. 또 씨앗을 가꾸는 농사 덕분에 인간은 한 곳에서 정착해 살 수 있게 되었다.

　로마는 밀 교역을 통해 부를 이룰 수 있었다. 그러나 밀에 대한 과한 욕심 때문에 하루아침에 망하고 말았다. 신항로 개척 이후 유럽의 여러 나라들은 돈방석에 앉았다. 바로 새로운 대륙에서 발견한 옥수수, 감자, 고구마, 차, 커피 덕분이다. 이 작물은 폭발적인 인구 증가와 산업혁명을 가능하게 했다. 그러나 전쟁을 불러일으켰고, 지금도 진행 중이다.

　씨앗, 그 가운데 쌀은 세계 인구의 절반이 주식으로 삼는 씨앗이다. 만약 쌀이 부족하다면 어떻게 될까? 우리나라는 1980년에 냉해가 발생하여 쌀을 수입했다. 그때 미국 곡물 회사는 평균 쌀 가격의 3배 높은 금액을 요구했다.

　씨앗은 우리의 주된 먹거리인 동시에 목숨과도 같다. 이렇게 씨앗이 우리 삶에 들어온 순간부터 인간의 삶을 어떻게 바꾸어 왔는지 역사적 흐름을 배울 수 있는 책이다. 동시에 씨앗의 중요성과 식량 부족 위기에 대한 내용도 담고 있다. 또한 식량 확보를 위해 어떤 노력을 기울이고 있는지, 씨앗 전쟁에 어떻게 대처하면 좋을지 그 답을 찾도록 돕는다.

시크릿한 책 속 이야기

쌀을 주식으로 삼았던 아시아 여러 나라들이 19세기 유럽과 미국의 식민지 시절을 거치며 점점 쌀을 등한시하고 있습니다. 서양 문화에 열광하며 커피와 빵 등 그들의 식생활을 모방하면서부터이지요.

일상 속에서 '브런치(brunch)'라는 용어도 자연스럽게 자리 잡은 지 오래입니다. 브런치란 아침과 점심 사이에 먹는 늦은 아침 혹은 빠른 점심을 말하는 영어 어휘입니다. 아침을 뜻하는 '브렉퍼스트(breakfast)'와 점심을 가리키는 '런치(lunch)'의 혼성어입니다.

요즘 서양 사람들이 건강을 위해 쌀밥과 김치를 먹는다는 기사를 본 적이 있습니다. 서양식 식단보다 비만율이 낮기 때문이라고 합니다. 쌀의 성분 중 80퍼센트가 탄수화물인데 이것은 몸을 움직이는 필수 에너지원으로 몸에 축적되는 양이 적기 때문이지요.

요즘 밥솥 없이 사는 사람도 있을 정도로 쌀 소비량이 줄어들고 있다고 합니다. 이와 반대로 고도비만, 고지혈증 등 성인병 환자는 늘고 있다 하니 우리의 식습관을 되돌아볼 때라고 생각합니다.

문해력 높이는 질문 독서

• 책 속에 답이 있는 얇은 질문 만들기

    예시1 인구 폭발과 산업혁명을 이끈 신대륙 3총사는 무엇인가요?

    예시2 아프리카를 희망의 땅으로 되살리려면 어떻게 해야 할까요?

• 생각해야 답할 수 있는 두꺼운 질문 만들기

    예시1 씨앗이 중요한 이유에 대해 자신의 의견을 말해 봅시다.

    예시2 식량 위기를 극복하기 위해 우리가 할 수 있는 일은 무엇입니까?

부모와 아이의 인사이트 확장을 위한 TIP

• 오늘은 내가 우리 집 영양사!
쌀을 주식으로 하여 5대 영양소가 골고루 들어간 건강 식단을 만들어 봅시다. 네모 칸 안에 들어갈 음식을 써 주세요.

5대 영양소: 탄수화물, 단백질, 무기질, 비타민, 지방

생각 깨우기

글, 그림 이어령, 노인경   출판사 푸른숲주니어   권장 학년 5, 6학년

책 속으로

〈이어령의 춤추는 생각학교〉 시리즈는 어린이들이 만나는 지식과 정보 사이에서 생각을 넓혀 나만의 창조적인 생각을 낳도록 돕는 책이다. 어린이의 눈높이에 맞는 이야기와 철학적인 그림으로 구성하였다. 생각을 생각하기, 원리로 생각하기, 발명으로 생각하기, 한국말로 생각하기, 한국인으로 생각하기 등 생각 정리부터 생각 응용법까지 총 10권에 나누어 다룬다.

옛이야기에서부터 신화, 역사, 인물, 예술, 과학을 넘나드는 풍부한 이야기를 따라가다 보면 생각이 확장되는 놀라운 경험을 할 수 있다. 또 매 책마다 부록으로 '테마별 생각 사전'을 두어 이 책을 읽은 어린이들이 책의 내용을 내 것으로 만들 수 있게 구성했다.

《생각 깨우기》는 이 시리즈 중 첫 번째 책이다. 물음표에서 느낌표까지 생각이란 무엇인지 이야기 나눈다. 이 책에는 호기심, 관찰, 형상화, 추리, 고정관념 벗어나기, 상징, 실천 등 7가지 생각 도구를 소개하고 있다.

또 '판도라가 상자를 연 것은 정말 불행의 씨앗일까?' '진화론의 창시자 다윈은 어떻게 해서 50억 년 지구의 비밀을 풀었을까?' '공자가 두 아이의 질문에 아무 대답도 못하고 땀만 뻘뻘 흘렸던 이유는 무엇일까?' 등 생각을 깨우는 여러 이야기가 담겨 있다.

시크릿한 책 속 이야기

"창의력 학원을 다닌다고요?"

21세기에 접어들며 인공지능이 대두된 지금까지 계속해서 교육의 화두는 '창의력' '창조적 사고'입니다. 사교육이 발달한 대한민국답게 '창의력 학원'까지 생기고 있습니다. 그러나 어디 창의력이 억지로 배워지는 능력인가요?

이어령 선생님은 어린 시절 책 읽고 생각하며 노는 사이 창의력이 길러졌다고 합니다. 창의적인 생각은 스스로 만들어 가는 것입니다. 학교와 집에서 보고 배우는 것들에 의문을 품고 다시 느낌표를 찍길 반복하며 생각을 거듭하는 틈에 길러지는 것이지요. 한마디로 창의적인 사람이 되고 싶다면 늘 질문을 품고 깊이 생각하면 됩니다.

제가 이 책에 '질문 만들기' 코너를 넣은 이유가 바로 이것입니다. 질문이 없으면 생각을 하지 않습니다. 꼭 정답을 찾지 못해도, 아니 찾지 않아도 괜찮습니다. 물음표를 보는 순간 본능적으로 답을 찾고자 뇌를 굴리게 되거든요.

그러니 책을 읽고 다른 독후 활동을 하기 어렵다면 작은 질문 하나만 만들어 보세요. 책 안에서 답을 찾을 수 있는 질문 하나, 생각을 해서 답을 해야 하는 질문 하나! 50권의 책과 함께 총 100개의 질문을 만들고 나면 여러분도 더 이상 질문하는 게 두렵지 않을 거예요.

문해력 높이는 질문 독서

• 책 속에 답이 있는 얇은 질문 만들기

  예시1 책에서 모든 생각의 씨앗은 ○○○이라고 했습니다. ○○○에 들어갈 말은 무엇인가요?

  예시2 이어령 선생님은 자기 안에 물음이 없는 사람을 일컬어 무엇과 다름없다고 했나요?

• 생각해야 답할 수 있는 두꺼운 질문 만들기

  예시1 창조적인 생각을 하기 위해 가장 중요한 것은 무엇이라고 생각하나요?

  예시2 내 방식대로 '생각'이 무엇인지 정의 내려 보세요.

• 만다라트(Mandal-Art)로 아이디어 발산하기
'만다라트'는 일본의 마츠무라 야스오(Matsumura Yasuo)가 개발한 사고
기법입니다. 불교의 만다라(Mandala)와 유사한 형태로 만다라트라고 불립
니다. 만다라타의 기본 구성은 3×3 사각형으로 가로와 세로 각각 3개씩
있는 모양입니다. 전체 형태는 9×9 모양의 사각형입니다.

1단계 한가운데 핵심어를 쓴다.
2단계 핵심어와 맞닿은 8칸에 떠오르는 이미지를 단어로 적는다.
3단계 2단계에서 적은 8개의 단어가 나머지 3×3 정사각형의 메인이 되고,
맞닿은 칸에 떠오르는 이미지를 단어로 쓴다.
4단계 1단계의 핵심 키워드와 3단계 단어들을 조합하여 아이디어를 얻는다.

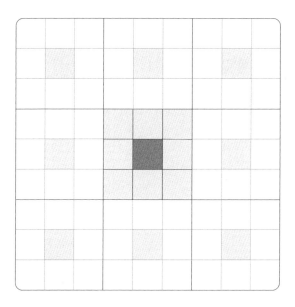

레몬첼로 도서관 탈출 게임 ★워싱턴포스트 올해의 책, 미국도

글 크리스 그라번스타인   출판사 사파리   권장 학년 5, 6학년

책 속으로

　이 책의 주인공은 게임을 너무나 좋아하는 열두 살 카일이다. 그는 형들과 보드게임을 하다가 창문을 부수는 바람에 일주일간 '게임 금지', '외출 금지' 벌을 받는다. 게임을 하지 못해 울적한 카일에게 한 가지 희소식이 들려온다. 며칠 뒤 마을의 공공 도서관이 새로 문을 여는데, 개관 행사로 게임을 한다는 것이다. 그것도 12명의 열두 살 아이들을 도서관으로 초대해서 말이다. 한 가지 더 놀라운 사실은 새 도서관의 설계자가 전 세계적으로 유명한 게임 개발자였다. 바로 카일이 가장 존경하는 인물인 레몬첼로 씨! 카일은 한껏 기대에 부풀었다.

　우여곡절 끝에 12명 안에 뽑힌 카일은 최첨단 도서관에 머물며 레몬첼로 회사의 게임들을 마음껏 하면서 행복한 시간을 보낸다. 황홀했던 하룻밤을 지낸 아이들에게 엄청난 미션이 주어진다. '도서관 탈출 대작전!' 알고 보니 도서관을 나갈 때는 정문을 이용할 수 없었다. 비밀 통로를 찾아 탈출해야만 한다. 카일을 비롯한 12명의 아이들은 그제야 자신들이 도서관에 갇혔다는 사실을 깨닫는다.

　물론 이 미션의 참여는 자유다. 다만 가장 먼저 탈출하는 사람에게는 엄청난 명예와 상품이 주어진다는 뿌리칠 수 없는 제안이 있었다. 책이라면 질색인 게임광 카일은 과연 곳곳에 숨겨진 힌트를 풀어 무사히 도서관을 빠져나갈 수 있을까?

시크릿한 책 속 이야기

《레몬첼로 도서관 탈출 게임》의 수상 내역을 적으려면 이 책 한 페이지가 다 모자랄 정도입니다. 최고의 아동·청소년 추리 소설에게 주어지는 '애거서상'을 포함하여 미국 전역의 각종 언론 및 기관에서 수상작, 추천 도서로 선정되는 등 수많은 찬사가 쏟아졌기 때문입니다.

게임과 SNS에 빠져 독서를 하지 않는 아이들이 도서관에 갇히는 설정이라니! 게다가 탈출을 위해 어쩔 수 없이 책장을 넘겨 그 속에 숨겨진 수수께끼의 비밀을 찾아야만 하지요. 반전을 거듭하며 빠르게 진행되는 전개는 웬만한 영상보다 흥미진진합니다.

무엇보다 정신없이 책을 읽다 보면 책의 위대함과 도서관이 얼마나 동적인 공간인지 깨닫게 되는 점에서 감탄이 절로 나왔습니다. 따분하게 여겼던 도서관과 책이 순식간에 흥미진진한 게임판으로 변해 버립니다. 게임 속 가상 공간보다 실제 도서관의 수많은 책들 속에서 온갖 세상을 다 만날 수 있다는 것을 자연스레 일깨워 주지요.

이 책의 기발함 때문에 〈창의적 사고 역량〉에 넣긴 했지만 사실 〈협력적 의사소통 역량〉에도 부합한답니다. 카일과 함께 순발력을 발휘해 준 미구엘, 중요한 순간마다 퍼즐을 풀어 준 시에라, 밝게 분위기를 이끌어 준 아키미 등 모두의 협력으로 도서관을 탈출할 수 있었기 때문입니다. 혼자서는 하기 힘든 일도 각자의 장점을 살리고 지혜를 모으면 해결할 수 있다는 사실을 다시금 깨닫게 됩니다.

문해력 높이는 질문 독서

- 책 속에 답이 있는 얇은 질문 만들기

  예시1 레몬첼로는 누구인가요?

  예시2 12명의 아이들에게 주어진 미션은 무엇인가요?

- 생각해야 답할 수 있는 두꺼운 질문 만들기

  예시1 여러분이라면 도서관 탈출 게임 미션에 참여할 것인가요?

  예시2 레몬첼로 씨는 왜 도서관에서 이런 행사를 열었을까요?

부모와 아이의 인사이트 확장을 위한 TIP

- 국립중앙도서관에서 운영하는 국가 상호대차 서비스 '책바다'를 아시나요?

  규모가 작은 동네 공공 도서관은 구비 도서가 적을 수밖에 없습니다. 상호대차 서비스는 같은 지역 공공 도서관 관내에서만 신청이 가능합니다. 하지만 국가 차원에서 다른 지역 공공 도서관 책을 받아볼 수 있도록 해 주는 서비스가 바로 '책바다'랍니다.

- '책이음 서비스 카드'를 발급받아 보세요.

  아직 동네 도서관에 가 본 적이 없다고요? 가장 가까운 도서관을 검색해 보고 이번 주말에는 꼭 가 보도록 해요. 이사 갈 때마다 도서관 이용 카드 발급받기 귀찮다면? 딱 한 번, 단 하나의 카드로 전국 공공 도서관에서 마음껏 책을 빌릴 수 있는 '책이음 서비스 카드'를 발급받아 보세요.

빅티처 김경일의 생각 실험실

글, 그림 김경일·마케마케, 고고핑크   출판사 돌핀북   권장 학년 5, 6학년

책 속으로

〈빅티처〉 시리즈는 우리 사회를 대표하는 스승들의 이론이나 저서를 어린이의 눈높이에 맞춰 구성한 아동 교양 시리즈다. 재미있고 짧은 이야기로 처음 만나는 지식, 어린이의 눈높이에 맞춘 저자의 설명글, 새로 배운 개념을 정리할 수 있는 만화로 구성되어 있다.

이 책에는 '생각'에 대한 내용을 담고 있다. 인간은 생각을 싫어하는 인지적 구두쇠라는 점을 먼저 밝히고 판단과 결정을 위한 필요 요소에 대해 알아본다. 특히 김경일 교수는 요즘 우리 사회가 가지고 있는 창의성에 대한 오해를 풀어내며 창의성을 높이는 구체적인 방법을 폭넓게 제시한다.

인지심리학은 인간의 뇌에서 생각이 어떻게 작동하는지를 밝히는 학문이다. 어떤 결정을 내릴 때 우리 뇌에 어떤 일이 벌어질까? 특별한 생각을 하는 사람들은 무엇이 다를까? 어떻게 생각하는 힘을 기를 수 있을까?

《빅티처 김경일의 생각 실험실》에서 자신의 뇌를 잘 활용하여 공부하는 법, 감정을 명확히 알고 상대와 소통하는 법, 창조적이고 이타적인 공동체 만드는 법을 배울 수 있다.

시크릿한 책 속 이야기

인지심리학이란 "사람을 바꾸기보다 상황을 바꿔서 변화를 만들어 내는 학문"이라고 김경일 교수는 말했습니다. 타고난 성격이나 아이큐를 바꾸긴 어렵지만 성품이나 지혜는 바꿀 수 있다고 덧붙였지요.

그럼 창의성은 타고나는 것일까요? 다행히 창의성은 그것을 발현할 수 있는 상황만 잘 만들어 주면 된다고 합니다. 예를 들어, 어떤 사람은 집에서 반짝이는 아이디어가 잘 나오는 반면, 누군가는 골목길을 걷거나 특정 장소에 갔을 때 연구가 잘되는 것이죠. 공부도 마찬가지입니다. 본인이 어떤 상황이나 메시지에 잘 반응하는지 알고 있다면 스스로 공부하는 힘이 생깁니다.

창의성을 발휘하거나 공부가 잘될 때를 놓치지 않고 기록해 두는 습관이 중요합니다. 그것이 반복된다면 단순한 우연의 법칙이 아니므로 그런 상황과 장소에 본인을 자주 노출시킬 수 있겠죠? 처음에는 혼자 파악하기 어려울 수 있으니, 부모님의 관찰과 노력이 더해지면 좋겠습니다. 결국 나 자신에 대해 잘 아는 사람이 메타인지가 높고, 창의성을 발휘하는 데까지 이어집니다. 억지로 하는 것이 아니라 호기심을 가지고 즐겁게 하는 내적 동기가 높은 상태이므로 당연히 스스로 하는 힘이 높고 좋은 결과로도 이어지는 것이지요.

어느 한 분야에 호기심을 가지고 몰두해 본 경험은 새로운 공부를 할 때도 빛을 발합니다. 그것이 곧 창의성이기도 하지요. 창의성에 대한 편견을 없애고 뇌 작동법을 제대로 배워 봅시다.

문해력 높이는 질문 독서

• 책 속에 답이 있는 얇은 질문 만들기

예시1 '인지적 구두쇠'라는 말의 뜻은 무엇인가요?

예시2 완벽한 사또가 가진 단 하나의 단점은 무엇인가요?

• 생각해야 답할 수 있는 두꺼운 질문 만들기

예시1 인지심리학 용어 중 기억에 남는 것이 있나요?

예시2 공부를 하면서 음악을 듣는 것과 같은 멀티태스킹을 해 본 경험이
있다면 그 경험과 효과를 나눠 주세요.

부모와 아이의 인사이트 확장을 위한 TIP

• 게이미피케이션(Gamification) 학습
우리 뇌는 게임을 좋아합니다. 어떤 목표를 달성하기 위한 미션을 잘게 나
누고 그것을 하나씩 완수할 때 성취감을 느끼지요. 이러한 원리에 따라 게
임이 아닌 분야에 게임의 요소를 접목시키는 것을 '게이미피케이션'이라
고 합니다. 학습의 몰입도를 높이는 수학 게이미피케이션 수업을 한 번 살
펴볼까요?

수학 게이미피케이션 수업

아이들의 번뜩이는 창의성을 깨우기 위해 수업 상황을 게임처럼 바꿔 주
면 어떨까요? 가정에서도 가능하답니다. 스마트 기기나 거창한 교구가 없
어도 괜찮습니다.
문제집 한 권을 풀 때도 게임 요소를 적용할 수 있거든요. 문제집의 한 챕
터를 끝낼 때마다 능력치가 10점씩 올라간다고 말해 주는 거죠. 점수를
얻으면 점점 레벨이 높아집니다. 능력치가 100이 되었을 때 어떤 보상을
주는 것도 좋지만, 대개 아이들은 능력치가 높아진다는 것 자체로 만족스
러워합니다.
그 외에도 별것 아닌 작은 일도 게임화해 보세요. 이때 역할을 부여하는
것도 좋습니다. "오늘부터 내가 요리사!" "우리 집 정원사!" "내 동생 수
학 선생님!" 등 학습뿐만 아니라 함께 해야 할 집안일에도 게임 요소를 적
용하는 것입니다.

#인간에 대한 공감적 이해와

#문화적 감수성을 바탕으로

#삶의 의미와 가치를 성찰하고 향유하는

심미적 감성 역량

현직 교사가 알려 주는

자기계발50
—심미적 감성
역량

목기린 씨, 타세요! ★국립어린이청소년도서관 추천 도서

글, 그림 이은정, 윤정주   출판사 창비   권장 학년 1, 2학년

책 속으로

이 책은 목이 아주아주 긴 목기린 씨의 이야기다. 목기린 씨는 화목 마을로 이사 온 후 목이 길다는 이유로 마을버스에 탈 수 없게 된다. 버스에 앉아 창밖을 바라보던 주민들은 목기린 씨를 외면한다. 목기린 씨는 고슴도치 관장에게 하루도 빠짐없이 편지를 보내기 시작한다.

"안녕하세요? 목기린이에요. 버스 타고 싶은 목기린요!"

매일 홀로 먼 길을 걷는 목기린 씨는 몸도 마음도 아프다. 어느 날 돼지 꾸리의 제안으로 천장에 창문을 낸 버스를 탄다. 그러나 교통사고가 나는 바람에 목기린 씨는 목을 크게 다치고 만다. 이에 목기린 씨는 용기를 내기로 한다. 관장에게 자신이 새롭게 구상한 버스 설계도를 보낸 것이다. 처음에는 목기린 씨의 문제를 외면했던 화목 마을 주민들도 함께하기 시작했다. 밤늦도록 마을 회관에 모여 목기린 씨의 제안에 대해 토론을 이어간다.

목기린 씨의 요구를 못마땅하게 여겼던 고슴도치 관장과 고릴라 기사, 주인공의 어려움을 외면했던 이웃과 직장 동료들의 시선이 차츰 변하고 모두가 힘을 합쳐 문제를 해결하는 과정을 담은 따뜻한 이야기다.

시크릿한 책 속 이야기

이 책은 실제 사회에 있을 법한 일을 '우화' 형식을 빌려 들려줍니다. 남들과 다르다는 이유로 마을버스에 탈 수 없는 주인공 목기린 씨는 장애인을 비롯한 사회적 약자를 대표합니다. 목기린 씨는 자신의 불편함을 명확하게 드러내며 권리를 요구하지만 혼자 힘으로는 해결하기 어렵습니다.

우리가 사는 세상도 마찬가지입니다. 대수롭지 않게 여겼던 문턱, 기다란 계단, 좁은 통로 등이 누군가에게는 그 어떤 벽보다 높고 어려운 장애물일 수

있지요. 서로의 '다름'을 이해하고 그들의 어려움을 적극적으로 해결하려는 자세가 필요합니다.

요즘은 인식을 개선하자는 표현보다 인권 감수성, 장애 감수성, 성인지 감수성 등 '감수성'이라는 표현을 많이 씁니다. '인식 개선'과 '감수성'은 어떤 차이가 있을까요? 고정관념이나 편견에 가려 잘못 알고 있는 것을 바르게 인식하자는 것이 인식 개선이라면, 감수성은 외부의 자극을 받아들이고 느끼는 성질을 말합니다.

감수성이 높은 사람은 일상에서 마주치는 인권 요소를 예민하게 받아들이고, 문제가 발견되면 해결하기 위해 노력합니다. 예를 들어, 장애인전용주차구역에 비장애인 차량이 주차하는 상황을 보았다고 생각해 봅시다. 이때 어떤 생각이 드나요? 아무런 생각이 들지 않는다면 감수성이 낮은 것입니다. 인지는 했지만 마음으로 생각만 하고 지나쳤다면 감수성이 보통 수준이지요. 장애 감수성이 높은 사람은 비장애 차량 주차인에게 가서 장애인전용주차구역임을 표현하지요. 감수성을 높이려면 '다름'을 인정하고 타인의 입장을 공감하는 능력이 요구됩니다.

문해력 높이는 질문 독서

- 책 속에 답이 있는 얇은 질문 만들기

  예시1 화목 마을에 마을버스가 생긴 이유는 무엇인가요?

  예시2 목기린 씨는 왜 마을버스에 탈 수 없었나요?

- 생각해야 답할 수 있는 두꺼운 질문 만들기

  예시1 우리 학교나 지역에서 함께 해결해야 할 문제에는 무엇이 있나요?

  예시2 내가 목기린 씨라면 어떤 버스를 설계하고 싶나요?

부모와 아이의 인사이트 확장을 위한 TIP

• 교육부에서 제작한 단편 영화 〈대한민국 1교시—달라서 빛나는 우리〉 영상을 보고 다음 질문에 답해 볼까요?

대한민국 1교시—달라서 빛나는 우리

만약 동물원에 갔는데 코끼리밖에 없다면, 급식에 당근 요리만 나온다면, 모두의 얼굴이 똑같다면 어떨까요?

세 개의 잔

글, 그림 토니 타운슬리·마크 세인트 저메인, 에이프릴 윌리   출판사 살림어린이

책 속으로

이 책의 주인공은 여덟 번째 생일날 세 개의 잔을 선물로 받는다. 부엌에서 쓰던 컵이 생일 선물이라니, 기대에 찬 얼굴로 선물 상자를 열어 본 주인공은 화가 났다. 부모님은 봉투에 용돈이 있다며 앞으로 세 개의 잔과 함께 신나는 모험을 하게 될 거라고 말해 준다. 매주 받는 용돈을 '모으기', '쓰기', '나누기'라고 이름 붙인 잔에 나누어 담으라는 조언도 잊지 않았다.

토요일마다 용돈을 받아 세 개의 잔에 나누어 담기를 반복하던 어느 날, 처음으로 '모으기' 잔에 돈이 가득 찼다. 엄마와 함께 그 돈을 은행에 가져가 예금을 한다. '쓰기' 잔에 든 돈으로는 야구 글러브를 사고, '나누기' 잔에 든 돈은 불우이웃을 돕는 데 사용한다.

이 책은 적은 용돈이지만 어떻게 관리해야 하는지 그 방법이 구체적으로 나와 있다. 세 개의 잔에 용돈을 나누어 담는 과정에서 사야 하는 것, 원하는 것을 구분하여 얼마만큼 저축, 소비, 기부를 할 것인지 계획한다. 또 은행 업무, 현명한 소비, 나눔 실천법도 배울 수 있다. 정보 페이지에는 자녀를 현명한 부자로 키우고 싶은 부모를 위한 경제 정보를 담고 있다.

시크릿한 책 속 이야기

초등학교 4학년이 되면 사회 교과에서 지역 경제에 대한 이해와 경제활동에 대해 배웁니다. 5학년 실과 교과에서는 용돈 아껴 쓰는 법이 나옵니다. 하지만 학교교육만으로는 부족합니다. 정확히 말하면 5학년이 되어 용돈 교육을 하는 것은 늦은 감이 있습니다.

요즘은 초등학교 1, 2학년만 되어도 근처 무인 문구점이나 무인 아이스크림 가게에서 학용품과 간식을 사 먹습니다. 더 어린 유치원이나 어린이집 아이들

도 매일같이 편의점에 들릅니다. 그게 일상 코스라고 말하는 부모님도 많습니다.

자칫 잘못된 소비 습관이 굳어지면 나중에 고치기가 무척 힘듭니다. "네 용돈이니 알아서 관리해!"라고 말하는 것도 문제가 될 수 있지요. 용돈을 현명하게 사용할 수 있는 방법을 알려 줘야 합니다.

우선 나이에 맞는 용돈 액수를 정하고 매일, 매주 혹은 매월 규칙적으로 지급합니다. 그 돈을 어떻게 사용할지 계획하여 기록합니다. 친척 어른에게 받는 돈이나 집안일 돕기 등으로 받는 비정기 용돈도 함께 기록합니다. 이때 소비 계획만 세울 것이 아니라 소비, 저축, 투자, 기부 등으로 나눕니다.

상세 기록이 어렵다면 《세 개의 잔》을 읽고 매달 쓸 돈, 모을 돈, 기부할 돈으로 나누어 계획을 쓴 다음, 일일 소비 기록을 작성합니다. 용돈과 관련하여 기획재정부에서 제작한 〈금쪽이 경제교실〉 영상 링크를 첨부합니다.

금쪽이 경제교실

문해력 높이는 질문 독서

- 책 속에 답이 있는 얇은 질문 만들기

  예시1 주인공이 생일날 받은 선물은 무엇인가요?

  예시2 세 개의 잔에는 각각 무엇을 담나요?

- 생각해야 답할 수 있는 두꺼운 질문 만들기

  예시1 적정한 용돈 금액은 얼마라고 생각하나요?

  예시2 부모님은 세 개의 잔을 사용하는 일이 왜 모험이라고 했을까요?

부모와 아이의 인사이트 확장을 위한 TIP

- 함께 읽으면 좋은 어린이 경제 도서
    01 《열두 살에 부자가 된 키라》, 보도 섀퍼, 을파소
    02 《세금 내는 아이들》, 옥효진, 한경키즈
    03 《레몬으로 돈 버는 법》, 루이스 암스트롱, 비룡소
    04 《용돈 잘 쓰는 법》, 김선·조희정, 메가스터디북스

- 세 개의 잔에 돈이 모이면 어떻게 사용할지 구체적으로 써 보세요.
    예) 쓰기: 친구 생일 선물 사기
       모으기: 대학교 입학금 내기 위해 돈 모으기
       나누기: 유기견 보호 센터에 기부하기

엄마가 수놓은 길 ★2006 뉴베리 아너 상 수상작

글, 그림 재클린 우드슨, 허드슨 탤벗   출판사 주니어RHK   권장 학년 2, 3학년

책 속으로

수니의 증조할머니는 일곱 살 때 엄마, 아빠와 떨어져 혼자 노예로 팔려 간다. 소녀는 엄마가 준 헝겊 조각을 가슴에 꼭 안고 집을 떠난다. 밤에는 노예 아이들을 돌보는 왕할머니에게서 농장을 탈출한 노예 이야기를 듣고, 낮에는 잠시 쉬는 틈에 바느질을 배운다. 엄마가 준 헝겊 조각에 달과 별, 길을 수놓아 조각보를 만든다.

세월이 흘러 결혼을 하고 딸 매시스를 낳고, 그녀도 일곱 살이 되자 엄마처럼 노예로 팔려 간다. 매시스는 그곳에서 엄마가 그랬듯이 자투리 헝겊으로 달과 별, 길을 수놓아 노예들의 탈출을 돕는 조각보 비밀 지도를 만든다.

매시스가 딸을 낳고 그 딸이 또 딸을 낳아 '수니'라고 이름 짓는다. 노예제도는 사라졌지만 수니와 엄마는 여전히 노동과 차별에 시달린다. 흑인 노예들에게 자유를 준 도구였던 조각보는 이제 가족의 생계를 책임지는 경제적 도구가 되었다.

수니가 딸 조지아나를 낳고, 조지아나는 쌍둥이 딸 캐럴라인과 앤을 낳는다. 캐럴라인과 앤은 일곱 살이 되었을 때 흑인과 백인을 따로 살게 만든 법을 바꾸려고 시위에 참여한다. 조각보는 차별에 맞설 수 있는 용기의 원천이 되어 준다. 앤이 결혼을 하여 재클린을 낳는다. 작가가 된 재클린은 딸 토시에게 수니의 증조할머니 때부터 있었던 이야기를 들려준다.

시크릿한 책 속 이야기

이 책은 뉴베리 상, 안데르센 상, 아스트리드 린드그렌 상 등을 수상한 세계적인 작가 재클린 우드슨이 쓴 책입니다. 8대에 걸친 흑인 여성 가족의 삶을 조각보 퀼트를 매개로 보여 주는 그림책이에요. 흑인 노예제도가 있었던 때를 시작으로 남북전쟁, 흑인 인종 차별 등 참혹한 시간을 딛고 오늘에 이른 흑인 여성들의 여정이 잘 드러나 있습니다. "텍스트, 디자인, 일러스트, 더할 나위 없이 완벽하다."는 찬사를 받으며 2006년 뉴베리 아너 상을 수상했답니다.

이 책이 좋았던 점은 차별과 학대의 잔혹함을 내세우기보다 세대를 거쳐 이어지는 아름다운 조각보처럼 잔잔한 이야기를 통해 감동을 더한다는 점이었습니다. 인권은 하루아침에 완성되지 않으며 누군가의 희생과 헌신을 통해 이루어짐을 넌지시 알려 준답니다.

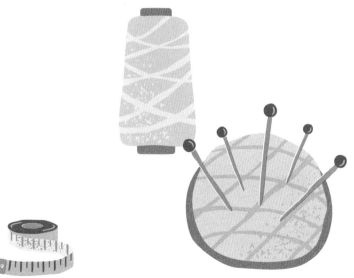

문해력 높이는 질문 독서

- 책 속에 답이 있는 얇은 질문 만들기

  예시1 수니의 증조할머니를 돌봐 주신 왕할머니가 밤마다 아이들에게 들려준 이야기는 어떤 내용이었나요?

  예시2 주인공은 글이 잘 안 써질 때 무엇을 했나요?

- 생각해야 답할 수 있는 두꺼운 질문 만들기

  예시1 책 속에서 조각보는 무엇을 상징하는 것일까요?

  예시2 차별받은 경험이 있나요? 기분이 어땠나요?

부모와 아이의 인사이트 확장을 위한 TIP

• 《엄마가 수놓은 길》독후 활동지
  아래 사이트에 '인물 인터뷰하기', '조각보 그리기', '나만의 비밀 암호
  만들기' 등 다양한 워크지가 있습니다.

《엄마가 수놓은 길》독후 활동지

• 함께 읽으면 좋은 책
  01 《자유의 길》, 줄리어스 레스터 글/로드 브라운 그림, 낮은산
     ―미국 노예제도 아래 고통받은 흑인의 삶을 담은 그림책
  02 《할머니의 조각보》, 패트리샤 폴라코, 미래아이
     ―유대인이라는 이유로 러시아를 떠나 미국으로 쫓겨난 7대에 걸
     친 가족 이야기
  03 《담을 넘은 아이》, 김정민 글/이영환 그림, 비룡소
     ―조선 시대 성별과 신분의 차별에 맞서는 여자아이 '푸실'의 이야
     기를 담은 창작 동화

가난한 사람은 왜 생길까요?

글, 그림 질리안 로버츠·제이미 캐셉, 제인 하인릭스   출판사 현암주니어   권장 학년 3, 4학년

책 속으로

　가난한 사람은 왜 생길까? 아이들의 질문에 답하는 방식으로 풀어낸 책이다. 노숙, 빈곤, 난민 등 이야기하기 어려운 주제를 쉽게 풀어냈다. '길거리에서 사는 사람도 있나요?' '집을 나오는 아이들도 있나요?' '빈곤이란 돈이 없다는 뜻인가요?' '난민은 왜 생기는 거예요?' 같은 질문에 짧고 명확하게 답을 준다.

　이 책의 부제는 '처음 이야기해 보는 세계의 빈곤 문제'이다. 이에 걸맞게 처음으로 빈곤이라는 주제를 접하는 어린이들의 쉬운 이해를 위해 다양한 사진과 그림을 첨부했다. 아이들이 세계의 빈곤과 소외받는 이들의 어려움을 제대로 볼 수 있도록 돕는다.

　이 주제들은 우리를 둘러싼 세상을 제대로 보기 위해 반드시 알아야 할 것들이다. 왜 이런 문제가 생겼는지 알아야 그들의 어려움을 이해할 수 있고, 도움을 줄 방법도 찾을 수 있다. 이 책을 끝까지 읽으면 '나도 빈곤한 사람을 도와줄 수 있을까?'라는 질문에 다다를 것이다.

시크릿한 책 속 이야기

　　이 책은 오랜 시간 어린이를 위해 일한 아동심리학자 질리언 로버츠와 구글의 교육 전도사 제이미 캐샙이 함께 기획한 책입니다. 두 사람은 아이들이 빈곤을 제대로 이해하고 그 문제를 해결할 방법을 스스로 찾을 수 있게 돕고자 이 책을 만들었다고 합니다.

　　《가난한 사람은 왜 생길까요?》는 〈World Around Us〉 시리즈 중 하나로 원제는 'On Our Street'입니다. 빈곤 외에도 테러, 인터넷, 편견, 환경문제 등 더 나은 세상을 만들기 위해 꼭 알아야 하는 주제에 대해 어린이들의 질문에 대한 답변 형식으로 구성하였습니다. 책을 매개로 부모와 교사가 아이들과 이야기 나누며 해당 주제에 대한 기초 지식을 쌓을 수 있습니다.

문해력 높이는 질문 독서

- 책 속에 답이 있는 얇은 질문 만들기

  예시1 길거리에서 잠을 자고 살아가는 사람을 뜻하는 단어는 무엇인가요?

  _____

  _____

  예시2 난민은 왜 생기나요?

  _____

  _____

- 생각해야 답할 수 있는 두꺼운 질문 만들기

  예시1 여러분이 길거리에서 잠을 자야 한다면 어떨 것 같나요?

  _____

  _____

  예시2 빈곤을 해결하기 위해 내가 할 수 있는 일 한 가지를 말해 봅시다.

  _____

  _____

부모와 아이의 인사이트 확장을 위한 TIP

- 함께 읽으면 좋은 도서 추천
  ❶ 저학년
  01 《이파라파냐무냐무》, 이지은, 사계절
  02 《너는 탐험가야》, 샤르쟈드 샤르여디 글/가잘 파톨라히 그림, 꼬
     마이실
  03 《아이티의 꿈을 지켜 주세요》, 유미, 북스토리아이

  ❷ 중학년
  04 《시리아의 눈물, 꿈과 희망을 안아 주세요!》, 노경실 글/문보경 그
     림, 담푸스
  05 《누구든 오라 그래》, 정복현 글/김주경 그림, 서유재
  06 《세상을 둘로 나눈 벽이 있대!》, 윤주은 글/임광희 그림, 영수책방
  07 《왜 차별하면 안 되나요?》, 조지혜 글/천필연 그림, 참돌어린이

  ❸ 고학년
  08 《십 대를 위한 영화 속 세계 시민 교육 이야기》, 함보름 외, 팜파스
  09 《평범한 어린이가 말하는 모두의 행복》, 이데 에이사쿠 글/남수
     그림, 우리학교
  10 《난민 말고 친구》, 최은영 글/신진호 그림, 마주별

  ❹ 부모와 교사
  11 《왜 세계의 절반은 굶주리는가》, 장 지글러, 갈라파고스
  12 《선량한 차별주의자》, 김지혜, 창비
  13 《콰이어트》, 수전 케인, 알에이치코리아

생명, 알면 사랑하게 되지요 ★한 학기 한 권 읽기 추천 도서

글, 그림 최재천, 권순영   출판사 더큰아이   권장 학년 3, 4학년

책 속으로

　세계에서 손꼽히는 동물학자인 최재천 선생님이 어린이들을 위해 쓴 책으로 신기한 동물 이야기와 생명의 소중함을 담고 있다. 아마존 밀림에서 만난 전갈, 독사, 흡혈 박쥐, 아즈텍 개미, 바다로 돌아간 제돌이, 반려동물 이야기 등 최재천 선생님이 풀어 주는 이야기보따리를 재미있게 읽어 나가다 보면 절로 배움이 생긴다. 생명 그물을 함부로 끊어서는 안 된다는 것, 반려동물을 키우는 마음가짐, 무엇보다 인간 또한 자연의 일부임을 깨닫고 다른 생명체 앞에서 겸손해야 함을 알게 된다.

　특히 2장의 제목 '알면 사랑하게 된다'는 최재천 선생님의 좌우명이기도 하다. 징그럽다며 싫어하던 전갈의 깊은 모성애를 알고 난 여학생이 전갈을 위해 지극정성으로 먹이를 주는 변화가 딱 이런 경우를 두고 하는 말이다. 아주 작은 세균부터 온갖 풀과 벌레, 물고기, 새, 아주 큰 동물에 이르기까지 지구상에 귀하지 않은 생명은 없다.

　자연이 아름다운 건 이러한 생명 다양성 덕분이다. 이 책을 통해 모든 생명이 지닌 아름다움을 발견하는 '생명의 눈'으로 세상을 더 넓고 따뜻하게 볼 수 있다.

시크릿한 책 속 이야기

> "선생님, 저 생일날 뭐 받았게요~. 아빠가 도마뱀 사 주셨어요!"
> "우와! 나는 작년에 햄스터 받았는데~."
> 　반려동물을 생일 선물로 받는 아이들이 많아지고 있습니다. 저희 첫째도 친구 집에 놀러 갔다가 도마뱀에 반해 한동안 생일 선물로 사 달라고 졸라댔지요. 다행히 사슴벌레로 만족했지만요.

〈2021 한국 반려동물보고서〉에 따르면 600만이 넘는 가구가 반려동물을 키우고 있다고 합니다. 한국 인구 4명 중 1명꼴이 반려동물과 함께 생활 중인 셈이지요. 앞으로 반려동물을 키울 의향이 있는지 물어본 설문조사에서도 50퍼센트에 가까운 인원이 그렇다는 의사를 밝혔으니 더 늘어날지도 모르겠습니다.

　반려동물 시장이 커지는 만큼 사회적 문제도 커지고 있습니다. 바로 유기동물이 늘고 있다는 점이지요. 반려동물을 키우다 지겨워지거나 귀찮아지면 버리는 것입니다. "펫샵에서 사지 마세요! 입양하세요!"라는 문구가 나오는 것도 바로 이 때문입니다. 지역에 따라 유기동물 입양 시 입양비나 치료비를 지원하는 곳도 생기고 있습니다.

　이처럼 반려동물이 개와 고양이를 넘어 다양한 종류로 늘어나고, 그 규모 또한 점점 커지고 있는 실정입니다. 우리 아이들과 생명의 소중함에 대한 이야기를 꼭 나눌 필요가 있겠습니다.

문해력 높이는 질문 독서

- 책 속에 답이 있는 얇은 질문 만들기

  예시1 흰 박쥐는 어디서 볼 수 있나요?

  예시2 '제돌절'은 무슨 날인가요?

- 생각해야 답할 수 있는 두꺼운 질문 만들기

  예시1 최재천 선생님처럼 열대우림에 간다면 만나고 싶은 동물이 있나요?

  예시2 반려동물을 키운다면 어떤 동물을 키우고 싶나요?

부모와 아이의 인사이트 확장을 위한 TIP

- 반려동물 캠페인!
  한 해 버려지는 반려동물 수는 약 10만 마리, 안락사되는 반려동물은 약 2만 마리라고 합니다. 반려동물은 싫증 났다고 버리는 장난감이 아닙니다. 반려동물 캠페인을 위한 포스터 글귀를 써 주세요.

아이스크림미디어 공익캠페인

사이다 쌤의 비밀 상담소

글, 그림 김선호, 신병근   출판사 노르웨이숲   권장 학년 5, 6학년

책 속으로

이 책을 쓴 저자 사이다 쌤은 16년 차 초등교사이자 유튜브 '초등 사이다'로 활약 중인 김선호 선생님이다. 초등학생 상담만 3,000번 넘게 진행한 베테랑 교사로 아이들의 고민을 정확히 이해하고 명쾌한 조언을 건넨다.

초등학교 고학년 아이들은 대체로 사춘기에 접어들고 몸과 마음이 부쩍 달라진다. 공부 스트레스, 친구 관계, 이성에 대한 관심 등 이런저런 고민도 늘어난다. 부모님과의 대화도 예전 같지 않고 뭔가 혼란스럽다.

이 책에는 친구가 나쁜 소문을 퍼뜨릴 때, 용돈이 너무 적을 때, 부모님이 이혼했을 때, 공부에 소질이 없는 것처럼 느껴질 때, 이성 친구와의 스킨십 등 다양한 고민에 대한 조언이 담겨 있다. '사이다 쌤'이라는 별명에 걸맞은 속 시원한 답변을 읽다 보면 없던 고민까지 해결되는 기분이다. 더 나아가 다른 친구들의 마음도 깊이 이해할 수 있게 된다.

시크릿한 책 속 이야기

초등학교 5학년을 2년간 연달아 맡았던 해가 있었습니다. 처음 5학년 담임교사를 했을 때, 그 전년도에 4학년 담임교사였기에 이미 학급 아이들의 4분의 1을 알고 시작했습니다. 그 수만큼 이름도 덜 외워도 되고 아이들을 파악하는 데 걸리는 시간도 줄어들었지요. 여유롭게 1학기를 마무리했던 기억이 납니다.

하지만 5학년 여름방학이 지나고 다시 만난 아이들은 너무도 새로웠습니다. 변성기, 사춘기, 달라진 자세와 눈빛 등 대체 그사이 무슨 일이 있었던 게 아닌가 싶을 정도로 변해 버렸더군요. 아이들 사이에 갈등도 생기고 여러모로 신경을 많이 써야 했던 기억이 납니다.

그다음 해 또 5학년 담임교사를 맡게 되었을 때는 내심 편하지 않을까 기대했습니다. 교실도 그대로 사용해서 짐 빼고 넣는 데 시간이 들지도 않았고, 동일한 내용을 반복해서 가르치니 수업 준비 시간도 훨씬 줄어들 테니까요. 하지만 아이들을 만나고 엄청난 착각이었음을 깨달았습니다. 난생처음 만난 다문화 가정 아이들과 특수 학급을 오가는 아이, 거기에 사춘기까지 맞물려 엄청난 한 해를 보냈던 기억이 납니다.

　종종 방과후에도 남아서 고민을 나누던 아이들이 있었어요. 부모님께는 혼날까 봐 털어놓지 못했던 이성 친구에 대한 고민이나 진로, 학원 등에 관한 내용을 담임에게 풀어 놓은 거지요. 아마도 발령받은 지 몇 년 안 된 젊은 교사라 아이들이 친근감을 느꼈던 것 같아요. 아쉽게도 그리 현명한 해결책을 주지는 못했어요. 다만 편하게 털어놓을 수 있는 창구, 그래도 괜찮다는 위로와 공감자로 곁에 있어 주었어요.

　하지만 이 책의 저자는 다릅니다. 아이들이 스스로 문제를 해결할 수 있는 구체적인 방법을 알려 주거든요. 혹시 사춘기 아이와 갈등이 시작되었거나 고민에 빠진 아이가 보이거든 이 책을 권해 주세요.

문해력 높이는 질문 독서

- 책 속에 답이 있는 얇은 질문 만들기

  예시 1 '투사'란 무엇인가요?

  예시 2 책에서 청소년기 커플들의 진짜 이별 이유는 대체로 무엇이라고
  적혀 있나요?

- 생각해야 답할 수 있는 두꺼운 질문 만들기

  예시 1 부모님이 이혼한다면 어떤 기분이 들까요?

  예시 2 요즘 가지고 있는 고민거리가 있나요?

- 고민 처방전

  고민이 있는 친구 혹은 자신에게 책에 나온 조언을 아래 마음 연고나 처방약 빈칸에 적어서 건네 주세요.

어린이를 위한 바보 빅터 ★행복한 아침독서 추천 도서

글 호아킴 데 포사다·레이먼드 조, 전지은   출판사 한국경제신문   권장 학년 5, 6학년

책 속으로

이 책은 멘사 회장 '빅터 세리브리아코프'라는 실존 인물의 이야기를 어린이의 눈높이에 맞게 재해석한 자기계발 동화다. 빅터는 미숙아로 태어났다. 게다가 말더듬이었다. 아빠는 여섯 살이 된 빅터를 아동상담센터에 데려갔다가 절망적인 이야기를 듣게 된다. 그런 빅터에게 아빠는 네 잘못이 아니니 아무 걱정하지 말라며 격려와 응원을 아끼지 않는다.

여덟 살이 된 빅터는 학교에 간다. 1년 사이 빅터는 이름보다 '바보'라는 별명으로 더 많이 불리게 되었다. 학교에서는 아무도 그의 말을 귀담아 들어주지 않았다. 빅터를 이해해 주는 사람은 오직 부모님뿐이었다.

그러던 어느 날 빅터의 천재성을 알아봐 주는 선생님들이 생긴다. 하지만 학교에서 진행한 IQ 테스트에서 73이라는 숫자를 받은 사실이 알려지며 놀림은 더욱 심해진다. 견디다 못한 빅터는 학교생활을 더 이어가지 못하고 아버지 일을 도와 정비 일을 한다. 우연히 광고판에 적힌 수학 문제를 풀어 애프리 회사에 입학하며 그의 IQ가 73이 아니라 173임을 알게 된다. 무려 17년간이나 천재였던 자신을 바보라 믿으며 살았던 것이다. 빅터는 아무리 재능이 뛰어난 사람이라도 스스로가 그것을 믿지 못하면 재능을 펼칠 수 없음을 깨닫는다.

시크릿한 책 속 이야기

이 책에는 빅터의 같은 반 친구 '로라' 이야기가 나옵니다. 그녀는 부모님에게서 늘 못난이라는 말을 듣고 자란 까닭에 소심하고 자신감이 없는 아이로 자랍니다. 문학 선생님 레이첼이 빅터와 로라가 용기를 가질 수 있도록 칭찬을 아끼지 않았지만 스스로를 믿지 않는 아이들이 변하기란 쉽지 않았지요.

"17년 동안 이 IQ는 저에게 아무런 도움이 되지 못했지요. 아무리 뛰어난 재능을 가진 사람이라도 자신의 능력을 믿지 못하면 재능을 펼치지 못합니다. 자신이 말굽밖에 될 수 없다고 생각하면 말굽밖에 되지 못하고, 바보라고 생각하면 진짜 바보가 되는 것입니다. 우리는 숫자로 평가할 수 없는 능력을 가지고 있습니다. 해 보지도 않고 절대 자신의 능력을 미리 판단하지 마십시오. 자신을 믿으십시오. 스스로를 위대한 존재라고 생각하십시오. 그러면 행동도 위대하게 변할 것입니다."

빅터의 연설 일부입니다. '자기 믿음'이 얼마나 중요한지를 일깨워 주는 대목이지요. 친구들의 도를 넘은 놀림과 일부 선생님의 낙인 때문에 자신을 믿는 것이 쉽지는 않았을 겁니다. 몇 년 전 UN 연설에서 BTS 리더 RM이 "Love yourself!"라는 말을 했습니다. 자신을 믿으려면 먼저 자신을 사랑해야 합니다. 우리 아이들이 오늘의 내가 어떤 모습이든 아끼고 사랑할 수 있도록 먼저 사랑을 내어 주세요. "Be yourself!" 다른 누구도 아닌 자기 자신이 될 수 있도록 도와주세요.

문해력 높이는 질문 독서

• 책 속에 답이 있는 얇은 질문 만들기

   예시1 빅터는 태어날 때 몸무게가 적었습니다. 그런 아이를 무엇이라고
   부르나요?

   예시2 빅터는 17년간 IQ가 73이라고 믿으며 살았습니다. 빅터의 진짜
   IQ는 얼마였나요?

• 생각해야 답할 수 있는 두꺼운 질문 만들기

   예시1 만약 친구들에게 '바보'라고 놀림을 받는다면 기분이 어떨까요?

   예시2 나를 믿고 사랑하려면 어떻게 해야 할까요?

부모와 아이의 인사이트 확장을 위한 TIP

• 나비 포옹법

양팔로 자신의 몸을 감싸고 나비가 날갯짓하듯 10~15번 정도 살짝살짝
토닥여 주는 '셀프 포옹법'입니다. 괴로운 장면이 떠오를 때 그것을 빨리
지나가게 돕고 불안이나 긴장감을 낮춰 줍니다. 평소에도 자주 스스로를
안아 주고 셀프 칭찬도 아끼지 말아 주세요. 우리는 존재만으로도 충분히
가치 있는 사람입니다.

"괜찮아. 충분히 잘하고 있어."

청소년을 위한 빅터 프랭클의 죽음의 수용소에서

글 빅터 프랭클   출판사 청아출판사   권장 학년 5, 6학년

책 속으로

이 책은 나치 수용소에 갇혔던 유대인 의사 빅터 프랭클의 경험을 바탕으로 쓴《빅터 프랭클의 죽음의 수용소에서》청소년 버전이다. 그는 3년간 나치 강제수용소에 갇혀 차라리 죽는 게 나을 정도의 참혹한 일들을 겪는다. 그곳은 치열한 생존을 위한 또 다른 전쟁터였다.

수감자 가운데 병에 걸렸거나 몸이 쇠약해져 더 이상 일을 할 수 없는 사람이 생기면 그들을 더 큰 수용소로 보냈다. 그곳에 가스실과 화장터가 있기 때문이다. 이들을 뽑는 과정에서 수감자들은 서로 치고받고 싸우며 어떻게 해서든 자기나 친구의 이름을 지우려 애쓴다. 누군가를 구하면 다른 사람이 희생된다는 것을 알면서도 말이다.

이 모든 것은 평범한 삶을 살던 사람들에게 갑자기 벌어진 일이다. 이 책에는 그들이 겪은 정신적 충격과 변화를 단계별로 나누어 가며 보여 준다. 프랭클 박사는 사람들의 반응과 변화를 생생히 관찰하며 2가지 인간상을 경험한다. 어떤 조건이나 환경 속에서도 자신의 잠재력과 아름다움을 발휘하는 사람들과 잔인한 폭력성을 여과 없이 드러내는 사람들이다.

프랭클 박사는 결국 어떻게 살아갈 것인가를 결정하는 것은 어떤 선택을 하는지에 달렸음을 깨닫는다. 수용소에서 풀려난 이후 프랭클 박사는 이 모든 경험과 깨달음을 바탕으로 '로고테라피'라는 정신 치료법을 창안한다.

시크릿한 책 속 이야기

일반적으로 '홀로코스트'는 인간이나 동물을 대학살하는 행위를 총칭하지만 고유명사로 쓰일 때는 제2차 세계대전 중 나치스 독일이 인종 청소라는 명목으로 유대인을 대거 학살한 사건을 뜻합니다. 600만 명이 넘는 유대인을 죽

인 나치 수용소, 그 속에서도 삶의 의미를 찾을 수 있을까요?

"왜 살아야 하는지 아는 사람은 그 어떤 상황도 견딜 수 있다."

빅터 프랭클은 그 참담한 상황에서도 미래에 대한 끈을 놓지 않았습니다. 나중에 청중 앞에서 강제수용소에서의 심리 상태를 강의한다고 생각하며 자신의 처지와 고통을 연구하고 관찰해 나갔습니다. 마치 지금이 아니라 과거에 이미 일어난 일인 것처럼 여기면서 말이지요.

꿈이 없고 무기력하거나 미래에 대한 희망이 보이지 않아 좌절하는 어린이가 있다면 이 책을 읽고 '삶의 의미'를 찾았으면 합니다. 그 의미는 유일한 것이며, 자신만이 찾을 수 있고 이룰 수 있습니다.

문해력 높이는 질문 독서

• 책 속에 답이 있는 얇은 질문 만들기

예시 1 빅터 프랭클 박사는 왜 수용소에 잡혀 갔나요?

예시 2 빅터 프랭클 박사가 창안한 정신 치료법의 이름은 무엇인가요?

• 생각해야 답할 수 있는 두꺼운 질문 만들기

예시 1 이 책에서 가장 기억에 남는 장면은 무엇인가요?

예시 2 만약 여러분이 수용소에 갇힌다면 어떻게 살았을까요?

부모와 아이의 인사이트 확장을 위한 TIP

• 아래 표를 참고하여 인생에서 중요하게 생각하는 가치 3~5개를 골라 동그라미하세요.

성취	모험	진정성	균형	아름다움	도전	변화	헌신
공동체	경쟁	자신감	공헌	용기	창의성	호기심	공감
효율성	배움	경험	친구	겸손	유머	성장	평등	조화
자립	열정	만족감	논리	이성	명성	지속성	다양성
자유	가족	탁월함	건강	개성	정직	리더십	믿음
너그러움	공정	자존감	봉사	성공	부	끈기	시스템
격려	협동	과정 지향	개방	타인의 인정	안전함	결과 지향

• 가치를 바탕으로 삶의 의미와 구체적인 실천 사항을 써 봅시다.

> [예시]
> ① 삶의 가치: 가족, 건강, 감사, 성장
> ② 삶의 의미: 가족과 함께 건강한 몸으로 매 순간 감사하며 함께 성장한다.
> ③ 실천 사항: 계단 오르기, 거실 공부, 독서 모임, 감사 일기 쓰기

❶ 삶의 가치: ....

❷ 삶의 의미: ....

❸ 실천 사항: ....

#다른 사람의 관점을 존중하고 경청하는 가운데

#자신의 생각과 감정을 효과적으로 표현하며

#상호협력적인 관계에서 공동의 목적을 구현하는

협력적 의사소통 역량

현직 교사가 알려 주는

자기계발 50
—협력적
의사소통 역량

딴생각하지 말고 귀 기울여 들어요

글, 그림 서보현, 손정현 출판사 상상스쿨 권장 학년 1학년

책 속으로

꼬마 토끼 '토토'는 귀가 아주 크지만 남의 말에 귀 기울이지 못한다. 엄마가 쓰레기를 버리고 온다고 이야기한 후 나가셨는데 그 말을 못 들어서 엄마가 없어졌다고 운다. 또 유치원 선생님 말씀을 제대로 듣지 않아 엉뚱한 준비물을 가지고 와서 모둠이 함께 만드는 작품을 망치고 만다.

어느 날 토토는 왜 이렇게 다른 사람 말을 잘 못 알아들을까 고민하며 귀를 탈탈 털어 낸다. 그때 토토의 귓속에서 바스락 소리가 난다. 더 세게 털어 내자 벌레 한 마리가 나온다. 그 벌레는 다른 사람의 말을 먹고 산다는 왱왱이 말벌레였다.

토토는 말벌레의 존재를 알고 다른 사람의 말을 벌레가 먹지 못하도록 막아야겠다고 생각한다. 엄마가 말씀하실 때 눈을 똑바로 쳐다보며 엄마 말에 귀를 기울였다. 엄마가 말을 끝내자마자 왱왱이 말벌레가 말을 먹으려고 달려왔다. 하지만 토토가 아주 집중해서 들은 까닭에 말은 이미 토토 귓속으로 쏙 들어간 뒤였다. 더 이상 먹을 게 없어진 왱왱이 말벌레는 화를 내며 토토를 떠나고, 토토는 만세를 부르며 이야기는 끝이 난다.

시크릿한 책 속 이야기

이 책의 뒷부분에는 부모님이 아이와 의사소통할 때 어떻게 하는 것이 바람직한지 실질적인 가이드를 실어 두었습니다. 아이들이 어릴 때부터 타인의 말을 귀 기울여 듣는 습관을 기르기 위해서는 부모와 교사의 역할이 중요하기 때문입니다. 아이가 경청하는 습관을 가지려면 어른이 먼저 아이의 말을 귀 기울여 듣고 적절한 반응을 해 주어야 합니다. 부모님과 선생님을 통해 아이는 자연스럽게 의사소통과 상호작용의 기본 원칙을 습득할 수 있습니다.

한자 '들을 청(聽)'은 여러 가지 단어가 조합되어 있습니다. 귀(耳)로 들을 때 솔로몬 왕(王)처럼 잘 들어야 하고, 열(十) 개의 눈(目)을 가지듯 상대방을 주목하며, 그 사람과 한(一) 마음(心)이 되도록 유심히 듣는 것입니다. '기울어질 경(傾)'과 합쳐 '경청'이란 말을 다시 풀이해 보면 한 마음이 되도록 공감하기 위하여 상대방에게 몸과 마음을 기울이는 것이지요.

상대방이 말을 할 때 귀 기울여 듣는 것을 어려워한다면, 얼굴을 쳐다보고 눈을 맞출 수 있도록 도와야 합니다. 또 방금 한 말을 잘 들었는지 확인해 보는 것도 필요합니다. '세 살 버릇 여든까지 간다.'라는 속담이 있습니다. 어렸을 때 형성된 습관과 태도는 평생 영향을 미칩니다. 특히 의사소통 능력은 말하기와 듣기의 언어적 능력뿐만 아니라 인지적·사회적·정서적 발달의 토대를 제공하는 기본이 됩니다.

문해력 높이는 질문 독서

• 책 속에 답이 있는 얇은 질문 만들기

  예시 1 토토가 남의 말을 잘 안 들어서 어떤 문제가 생겼나요?

  예시 2 토토는 왜 다른 사람의 말을 잘 안 들었나요?

• 생각해야 답할 수 있는 두꺼운 질문 만들기

  예시 1 토토가 왱왱이 말벌레를 쫓아냈을 때 어떤 기분이었을까요?

  예시 2 다른 사람의 말을 잘 듣지 않은 적이 있나요? 다른 사람의 말을 잘
  들으려면 어떻게 해야 하나요?

부모와 아이의 인사이트 확장을 위한 TIP

• **집중 놀이! 가라사대 게임**

가라사대 게임은 영어로 'Simon says'라고 하며 게임 방법은 동일합니다. '가라사대'를 붙이지 않고 말한 행동을 따라 하면 탈락하는 것입니다. 상대가 하는 이야기를 잘 듣고 집중해야겠지요? 아래 대본을 보며 놀이를 해 봅시다. 대본 앞에 '가라사대'를 넣거나 빼면서 놀이를 진행해 주세요.

(예시)

가라사대! 오른손을 들어 주세요! → 오른손 들기(통과)

박수 한 번 쳐 주세요! → 박수 한 번 치기(탈락)

(놀이 대본)

오른손/왼손 드세요.

두 손으로 반짝반짝 해 주세요.

박수 ○번 시작!

손 머리/어깨/무릎

뒤로 돌아

지금까지 안 틀린 사람 손 들기!

일어서/앉아

자리에서 한 바퀴 도세요.

고개를 들어 하늘을 보세요.

모두 앞으로 나오세요.

참말인지 거짓말인지 어떻게 알아요?

글, 그림 올리비에 클레르, 가이아 보르디치아   출판사 공존   권장 학년 1, 2학년

책 속으로

이 책의 주인공 토끼 폼폼은 친구들과 노는 것을 좋아한다. 어느 날 여우 로 날드와 오후 내내 노느라 해가 넘어가는 줄도 몰랐다. 서둘러 집에 가려는 폼 폼에게 로날드가 말했다. "숲 요괴가 나올 시간이니 조심해!" 벌벌 떨며 겨우 집에 도착한 폼폼은 엄마의 말을 듣고 친구가 거짓말을 한 사실을 알게 된다.

다음 날 수달 블레즈와 같이 노는데 나뭇잎에 신기한 고치가 매달려 있었 다. 블레즈는 저번에 본 애벌레가 고치로 변했으며 얼마 뒤 나비가 나올 것이 라 말해 주었다. 폼폼은 로날드가 말한 숲 요괴 이야기처럼 블레즈도 자기에 게 거짓말을 하는 줄 알고 집 밖으로 쫓아내 버린다.

친구의 말이 참인지 거짓인지 알 수 없어 혼란에 빠진 폼폼에게 아빠는 겁 먹지 말고 곰곰이 생각해 보라고 알려 준다. 폼폼은 마음의 정원을 잘 가꾸면 친구와 오해나 다툼 없이 소통할 수 있음을 배운다.

시크릿한 책 속 이야기

　"선생님 ○○이가요……."

　학교에서 일어나는 크고 작은 갈등의 원인 중 하나가 바로 '말'에서 비롯됩니다. 어떻게 해야 오해나 다툼 없이 소통할 수 있을까요?

　이 책은 프랑스 유치원에서 인지·정서 발달 교재로 채택된 '어린이를 위한 비폭력 대화' 그림책 시리즈 중 두 번째 책입니다. 비폭력 대화의 주요 원리인 존중과 공감, 이해와 소통, 배려와 협력 중 '이해와 소통'을 담고 있습니다.

　학교폭력과 집단 따돌림이 심각한 사회문제로 대두된 가운데 이를 해결할 방법에 대한 논의가 끊임없이 이루어지고 있습니다. 그중 최근에 주목을 받는 것이 바로 비폭력 대화(NonViolent Communication, NVC)입니다.

　비폭력 대화를 익히면 감정적이고 즉각적인 반응 대신 자신의 느낌과 욕구를 잘 전달하여 서로 존중하고 공감하는 의사소통을 할 수 있습니다. 최근에는 수형자 교화나 심리 치료 등의 분야를 넘어 가정, 사회, 교육, 정치, 외교, 기업 등 거의 모든 분야에서 활용되고 있습니다.

문해력 높이는 질문 독서

• 책 속에 답이 있는 얇은 질문 만들기

　예시 1　여우 친구는 집으로 돌아가는 폼폼에게 숲속에 무엇이 있다고 말했나요?

　예시 2　수달 친구가 한 말은 참인가요, 거짓인가요?

• 생각해야 답할 수 있는 두꺼운 질문 만들기

　예시 1　친구가 나에게 거짓말을 하면 어떻게 해야 할까요?

　예시 2　마음속에 어떤 씨앗을 심고 물을 주어야 할까요?

부모와 아이의 인사이트 확장을 위한 TIP

• 비폭력 대화 4단계

미국의 심리학자 마샬 로젠버그(Marshall B. Rosenburg)가 창시한 비폭력 대화는 나와 상대의 마음속 깊은 느낌과 욕구를 파악해 갈등을 건설적으로 해결하는 대화법입니다. 내 뜻만 관철시키면 관계가 불편해지고, 상대 뜻대로만 하면 내 마음이 불편해지지요. 내 마음도 지키면서 관계도 해치지 않는 대화법이 비폭력 대화입니다.

> **1단계** 관찰: 상대를 평가하지 않고 있는 그대로 이해하고 수용하는 단계
> **2단계** 느낌: 내 감정을 정확하게 진단하는 단계
> **3단계** 욕구: 내가 원하는 바를 파악하는 단계
> **4단계** 부탁: 상대에게 정중한 말투로 자신의 느낌과 욕구를 전달하는 단계

• 가정이나 학교 등에서 일어난 문제나 갈등 상황을 비폭력 대화 4단계에 맞춰 작성해 보고 실천에 옮겨 봅시다.

예시 상황: 엄마가 학원을 하나 더 다니라고 해서 짜증을 냄.

1단계 관찰: 위 상황에서 무슨 일이 일어나는지 있는 그대로 말과 행동을 관찰하는 것이다. 이때 좋고 나쁘고를 떠나 판단과 평가 없이 그대로 말한다.

• 엄마가 또 나를 괴롭히네? (×)
→ 엄마가 나에게 학원을 하나 더 다니라고 말씀하시네.

2단계 느낌: 위 상황에서 행동과 말을 보거나 들었을 때 어떻게 느끼는지 말한다. 아픔, 기쁨, 무서움, 즐거움, 짜증 등을 표현한다.

• 짜증 남.
→ 엄마 마음대로 정하는 것 같아 답답하고 화가 나네.

3단계 욕구: 위 상황에서 느낀 감정을 내면의 어떤 욕구와 연결되는지 말해 본다.

→ 기존 학원들로 충분하며 새로운 학원을 더 다니고 싶지 않아.

4단계 부탁: 내 삶을 풍요롭게 하기 위해 상대방한테 부탁한다.

→ 엄마가 학원 문제는 저와 의논했으면 좋겠어요. 혼자 마음대로 정하는 것 같아서 답답하고 화가 나요. 제 생각에는 기존 학원들로도 충분한 것 같아서 학원을 더 다니고 싶지 않아요.

실제 상황

1단계 관찰:

2단계 느낌:

3단계 욕구:

4단계 부탁:

실제 상황

1단계 관찰:

2단계 느낌:

3단계 욕구:

4단계 부탁:

마음을 다해 똑똑하게, 다정하게 말하고 싶어

글, 그림 김경미, 센개   출판사 슈크림북   권장 학년 3, 4학년

책 속으로

슬기로운 말하기 생활을 돕는 〈설전도 수련관〉 시리즈를 쓴 저자가 동화 속 캐릭터들에게 알려 주고 싶었던 말하기 방법을 모은 책이다. 캐릭터들은 친구가 내 겉모습을 평가할 때, 나만 빼고 자기 집이나 단체채팅방에 초대할 때, 친구가 내 메시지를 읽고 답이 없을 때, 친구가 내 물건을 빌려 가서 망가뜨렸을 때 등 다양한 고민과 갈등 상황에 놓여 있다.

그들의 마음을 헤아리고 진심을 가장 잘 전할 수 있는 슬기로운 말은 무엇일지 고민하게 하여 이 책을 읽는 것만으로도 위로와 문제해결을 위한 마음의 힘을 얻게 된다. 특히 비대면 상황인 소셜미디어에서의 소통 문제를 별도 챕터로 둔 점이 인상적이다.

누구라도 겪었거나 앞으로 충분히 겪을 법한 50여 가지의 생생한 상황들을 여러 시각에서 바라보며 서로의 마음을 깊이 들여다볼 수 있도록 정리했다. 또한 '나답게' 생각해 보고, MBTI 성격 유형 등 폭넓은 정보를 바탕으로 똑똑하면서도 다정하게 말하는 연습 문장을 담고 있다.

시크릿한 책 속 이야기

"선생님! ○○이가 페이스북에 제 험담을 올렸어요."
"선생님! ○○이가 허락도 없이 제 사진을 다른 친구들한테 보냈어요."

소셜미디어, 단체채팅방 등 사이버 공간에서의 갈등이 초등학교 고학년뿐만 아니라 저학년에서도 문제가 되고 있습니다. 특히 디지털 기기를 통해 괴롭힘을 일삼는 사이버불링(Cyber Bullying)이라는 형태의 학교폭력이 늘고 있지요. 사이버불링은 시공간에 제약이 없고, 익명성, 지속성, 확산성의 특징으로 피해자에게 정서적으로 심각한 영향을 미칠 수 있습니다.

따라서 이제는 자신을 함부로 대하는 사람을 무조건 받아들이려 노력하며 항상 사이좋게 지내야 한다고 가르치기보다 모든 사람 사이에 적당한 거리가 중요함을 일깨워 줄 필요가 있습니다. 일방적인 노력에 의해 유지되는 관계는 오래갈 수 없습니다. 모두에게 사랑받지 않아도 충분이 존재 자체로 귀한 사람임을 알고 '미움받을 용기'를 낼 수 있게 도와주세요.

　이 책이 모든 상황을 대변하거나 무조건 따라야 하는 정답을 쓴 것은 아닙니다. 하지만 나를 지키면서 마음을 다해 똑똑하고도 다정하게 말하는 법을 여러 가지 상황 속에서 연습할 수 있습니다. 소통을 통해 문제 상황을 극복하는 것이 한결 쉬워지리라 생각합니다.

문해력 높이는 질문 독서

• 책 속에 답이 있는 얇은 질문 만들기

예시 1 설전도 수련관은 무엇을 배우는 곳인가요?

예시 2 책에서 진심이 담긴 사과에는 4가지가 담겨 있어야 한다고 했어요. 그 4가지는 무엇인가요?

• 생각해야 답할 수 있는 두꺼운 질문 만들기

예시 1 여러분이 말할 때 친구가 자꾸 끼어들면 어떤 기분이 들까요?

예시 2 여러분의 MBTI 성격 유형은 어디에 가까운가요?

부모와 아이의 인사이트 확장을 위한 TIP

• 이럴 땐 이렇게! 각 상황에 맞는 나만의 '슬기로운 소통법'을 말해 봅시다. 빈 여백에 말하기 연습이 필요한 문제 상황을 적어 봅시다.

01 친구가 일방적으로 약속을 어긴다면?

02 기분이 좋으면 잘해 주다가 기분이 나쁘면 함부로 대하는 친구가 있다면?

03 친구의 SNS에 악플이 달렸는데 나를 의심한다면?

04 친구가 내 허락도 없이 사진을 SNS에 올린다면?

05 친구랑 대회에 참여했는데 친구만 상을 받고 나는 받지 못했다면?

06 _____

07 _____

08 _____

09 _____

10 _____

손을 번쩍 들게 만드는 말하기 50가지 미션

글, 그림 우설리, 주노   출판사 썬더키즈   권장 학년 4~6학년

책 속으로

이 책은 20년 경력의 아나운서가 알려 주는 발표의 기술이 담겨 있다. 모둠 활동 말하기, 온라인 말하기, 프레젠테이션 발표하기 등 학교생활 중에 만나는 다양한 말하기 방법을 배울 수 있다.

가장 먼저 남들이 주목하는 목소리를 만들기 위한 연습을 한다. 목소리에 힘을 실어 원하는 크기와 빠르기로 정확한 발음을 내는 것이다. 또 말에 깨소금 치기, 숫자 이용해 말하기, 자기소개 빛내기, 실감나게 설명하기, 퀴즈로 흥미 끌기 등 50가지 미션을 통해 발표에 자신감이 생기도록 돕는다. 각 미션이 끝날 때마다 나오는 속담 활용 '한마디 팁'은 말 통장에 담을 수 있는 소스가 된다.

말하기의 기술적인 부분 외에도 친구의 마음이 상하지 않게 말하는 법이나 모둠의 분위기를 이끌어 가는 리더가 될 수 있는 말하기도 배울 수 있다. 또한 발표 자세, 시선 처리, 당황하지 않는 발표 준비 등 세심한 방법도 담고 있는 책이다.

시크릿한 책 속 이야기

"발표해 볼 사람?"

"저요! 저요!"

초등학교 1학년 교실에서는 손을 들지 않는 친구를 찾아보기 어렵습니다. 이랬던 아이들이 학년이 올라갈수록 손을 드는 횟수가 급격히 줄어듭니다. 알면 아는 대로, 모르면 모르는 대로 발표를 꺼리기 시작하지요. 사춘기의 영향이기도 하지만 말하기 자신감이 떨어지거나 조리 있게 말하는 것에 대한 부담감 때문에 입을 닫기도 합니다.

학교 교육과정에서는 계속해서 학생 참여형 수업을 강조하고 있으며, 발표와 토론 수업을 적극 권장합니다. 2024년부터 순차적으로 적용되는 2022 개정 교육과정에서는 심지어 고등학교 영어 교과에 '영어 발표와 토론'이라는 선택 과목이 신설되기도 했습니다.

초등학생 때부터 우리말로 발표와 토론 수업을 충분히 접해 보아야 중고등학생이 되었을 때 수행평가나 교과 수업에서 당혹감을 덜 느낄 것입니다. 물론 대학교나 사회에 나가서도 프레젠테이션을 할 일이 많으니 미리부터 연습이 필요하겠습니다.

아나운서 같은 발성까지는 아니더라도 목이 덜 상하고 전달력이 좋은 목소리 내기, 나만의 개성을 드러내는 자기소개 방법, 보기 좋은 PPT 자료 만들기 등을 훈련하는 데 이 책이 도움이 되리라 생각합니다.

문해력 높이는 질문 독서

• 책 속에 답이 있는 얇은 질문 만들기

  예시 1 책에서 말하는 썩은 말투란 무엇인가요?

  예시 2 같은 값이나 노력이라면 품질이 더 좋은 것을 택한다는 뜻의 속담
  은 무엇인가요?

• 생각해야 답할 수 있는 두꺼운 질문 만들기

  예시 1 좋아하는 MC가 있나요? 이유는 무엇인가요?

  예시 2 집에 있는 물건을 핸들링 순서에 따라 실감나게 설명해 보세요.

- 캔바, 미리캔버스, 파워포인트 등의 발표 도구 하나를 선택하여 '우리 지역 문화재 소개'를 주제로 발표 자료를 준비하고, 가족이나 친구들 앞에서 발표를 해 봅시다.
  사진 없이 글만 가득한 발표 자료는 좋은 발표 자료라고 할 수 없습니다. 적절한 사진과 짧게 끊어서 중요한 요점이나 단어를 나열하는 '개조식' 서술 방식이 발표 내용을 전달하는 데 효과적입니다.

출처: 문화재청

- 이름: 서대문 형무소
- 설립일: 1908년 일제강점기
- 문화재 지정일: 1988년 2월 27일
- 소재: 서울 서대문구 3호선 독립문역
- 목적: 독립운동가, 민주화 운동가 수감 장소

인권 논쟁 ★행복한 아침독서 추천 도서

글, 그림 이기규, 박종호 출판사 풀빛 권장 학년 5, 6학년

책 속으로

> 이 책은 〈역지사지 생생 토론 대회〉 시리즈 중 일곱 번째 책이다. 인간이라면 당연히 누려야 하는 기본 권리인 인권을 둘러싼 팽팽한 찬반 토론이 펼쳐진다.
>
> 먼저 1장에서 인권 대 법, 인권 대 의무, 인권 대 경제 성장 중 어떤 것이 더 우선인지 살펴보며 인권의 의미와 가치를 살핀다. 2장부터 7장까지 학생 인권, 사형제도, 사생활 침해, 남녀 차별, 소수자 인권, 이주 노동자, 장애인 인권과 관련하여 폭넓은 주제를 다룬다. 각 주제에 대해 각각 찬성과 반대 입장인 아이들이 논쟁을 통해 서로의 입장을 깊이 이해할 수 있다.
>
> 실제로 토론 수업이 어떻게 이루어지는지 알 수 있도록 사회자이자 중재자로서의 교사 역할도 잘 담겨 있다. 각 장의 마지막 페이지에는 논쟁이 되는 문제와 찬반 의견을 표로 정리하여 토론 내용을 다시 살펴볼 수 있도록 구성했다.

시크릿한 책 속 이야기

> 우리는 개인의 생각을 자유롭게 말할 수 있는 민주주의 사회에 살고 있습니다. 토론은 서로 반대되는 의견을 논리적인 근거와 함께 표현하는 것입니다. 이 과정에서 자신의 의견만 고집하지 않고 상대방의 의견을 경청하고 수용하는 경험을 통해 관용이 생깁니다. 또 상대방의 의견 중 논리적인 오류나 허점을 짚어 내는 반박 과정에서 비판적 사고력을 키울 수 있지요.
>
> 요즈음 우리 사회는 정보의 홍수 시대라고 합니다. 다양한 매체에서 쉴 새 없이 많은 정보가 쏟아져 나오지요. 토론은 상대 의견에 공감하고 자신의 의견을 설득하며 서로의 의견을 조정하는 과정입니다. 이를 통해 협력적 의사소

통 능력이 길러지고, 옳고 그름, 참과 거짓 등을 분별하는 안목을 키울 수 있습니다.

2015 개정 교육과정부터 계속해서 발표와 토론 수업의 중요성이 강조되고 있습니다. 2022 개정 교육과정에서 고등학교 국어 교과에는 융합 선택 과목으로 '독서 토론과 글쓰기'가, 영어 교과에는 '영어 발표와 토론'이 신설되었습니다.

토론은 자신의 의견을 논리적으로 주장하는 '입안', 상대의 주장을 확인하는 '질의', 상대의 주장이 타당한지 따지는 '반박'의 순서로 이어집니다. 근거 있는 주장을 펼치기 위해 전문가의 의견을 살피고 관련 책이나 기사 등을 통해 좋은 정보를 찾아야 합니다.

토론의 전 과정에서 가장 중요한 것은 '생각'입니다. 수집한 정보 중 자신의 의견을 뒷받침하기 충분한 근거가 무엇인지 생각하고, 상대방의 근거를 반박할 자료로는 무엇이 좋을지 선택하기 위해 또 생각이 필요합니다. 결국 토론은 생각하는 힘을 키웁니다.

문해력 높이는 질문 독서

• 책 속에 답이 있는 얇은 질문 만들기

예시 1 인권이란 무엇입니까?

예시 2 책 속에서 사생활 침해 논란이 있는 쟁점 3가지를 써 보세요.

• 생각해야 답할 수 있는 두꺼운 질문 만들기

예시 1 지금은 예전과 달리 남자가 더 차별받는 사회라는 의견에 대해 어떻게 생각하나요? 그 이유도 함께 말해 보세요.

예시 2 여러분이 만약 장애인이라면 통합 교육에 찬성하나요? 그 이유는 무엇인가요?

부모와 아이의 인사이트 확장을 위한 TIP

- '사형제도는 필요합니다.'라는 주제로 토론을 해 봅시다. 찬성과 반대 입
  장에 따른 근거를 쓰고, 가족이나 친구와 아래의 순서에 따라 토론을 진행
  해 보세요.

	찬성	반대
근거 1		
근거 1 설명		
근거 2		
근거 2 설명		
예상되는 반론		
반론 꺾기		
마지막 강조		

순한 맛, 매운 맛 매생이 클럽 아이들

글, 그림 이은경, 변보라   출판사 한경키즈   권장 학년 4-6학년

책 속으로

자신의 생각을 정리해서 글로 옮기는 데 어려움을 느끼는 초등학생을 돕기 위한 책이다. 저자가 2년 여간 15,000여 명의 초등학생들과 실제로 매생이 클럽을 운영하며 쌓은 이야기를 동화 형식으로 구성했다.

현규는 평소 자신의 생각을 정리하지 못하고 횡설수설하여 '개구리 래퍼'라는 별명이 붙었다. 말을 할 때마다 친구들에게 핀잔을 듣자 점점 말하는 데 자신감을 잃어 간다. 그래서 조리 있게 말도 잘하고 친구들에게 인기도 많은 채원이가 부러우면서도 얄밉다. 채원이에게 반장 자리를 뺏겼다고 생각한 현규는 채원이를 더욱 이기고 싶은 마음에 '빌리의 비밀 상담소'라는 채팅방에 고민을 상담한다. 한편 채원이는 출장이 잦은 엄마와 단둘이 사는 외로운 아이이고, 아진이는 부끄러움이 많아 말을 제대로 하지 못한다.

서로에 대한 오해를 풀어 가던 현규, 채원, 아진은 같이 책을 읽고 글을 쓰는 동아리를 만든다. 일명 '매일 생각하는 아이들'을 줄인 매생이 클럽! 이 활동을 통해 아이들은 자신감을 찾고 글쓰기 실력도 좋아진다. 또 생각을 정리하고 매일 글을 쓰는 습관 덕에 말도 잘할 수 있게 되고, 공부 실력도 향상되는 것을 깨닫는다.

책 속에는 초등 국어 쓰기 영역 연계표와 함께 글쓰기 주제 20가지와 똑똑하게 글 쓰는 팁을 담고 있다.

시크릿한 책 속 이야기

"뭐라고 써야 할지 모르겠어요."

교직에 있을 때 학기초 두 문장 글쓰기를 시작으로 아이들이 꾸준하게 글을 쓸 수 있도록 도왔습니다. 두 문장 글쓰기를 할 때는 겪었던 일과 그것에 대한 자신의 생각과 느낌을 쓰도록 했어요. 하지만 자신의 생각을 글로 표현하는 데 익숙하지 않은 친구들은 그조차도 몹시 어려워했습니다.

"오늘 아침에 뭐 먹었어? 무슨 꿈 꿨어? 학교 오는 길에 누구랑 왔어?" 등 다양한 질문으로 자신의 하루를 돌아보게 돕고, 그때 느꼈던 감정을 '재미있었다'나 '좋았다'가 아닌 다채로운 방식으로 표현할 수 있게 감정 카드나 표를 활용했습니다. 두 줄 글쓰기에 익숙해진 아이들은 하나의 주제에 따라 5줄, 10줄, 1쪽이 넘는 분량까지 실력을 키워 나갔지요.

초등 국어 교육과정에서 본격적인 글쓰기는 1학년 2학기 그림일기 쓰기부터 시작합니다. 이후 편지 쓰기, 신문 만들기, 자신이 쓴 글 고쳐 쓰기, 내용 간추려 쓰기, 이어질 내용 상상해서 쓰기, 책 만들기, 체험한 일 쓰기, 논설문 쓰기 등 다양한 형태의 글쓰기로 이어집니다.

글쓰기는 결국 생각 훈련입니다. 생각을 키워 주는 독서와 글쓰기는 영혼의 단짝입니다. 하지만 읽기와 쓰기는 다른 영역입니다. 생각을 정리해서 글로 써 보는 연습이 필요하답니다. 이은경 선생님 유튜브에는 순한 맛 자유 글쓰기, 매운 맛 논리 글쓰기 외에 다양한 쓰기 영상들이 있습니다. 매일 쓰기 근육을 키울 수 있도록 도와주세요.

문해력 높이는 질문 독서

• 책 속에 답이 있는 얇은 질문 만들기

예시 1 매생이 클럽의 뜻은 무엇인가요?

예시 2 매생이 클럽에서는 무엇을 하나요?

• 생각해야 답할 수 있는 두꺼운 질문 만들기

예시 1 평소 글쓰기를 좋아하나요? 좋아하거나 싫어하다면 그 이유는 무엇인가요?

예시 2 매생이 클럽을 만든다면 함께하고 싶은 친구가 있나요? 왜 그 친구들과 함께하고 싶나요?

부모와 아이의 인사이트 확장을 위한 TIP

• 학년별 글쓰기 분량 기준

학년	분량 기준
취학 전, 1학년	그림일기장 아래쪽, 열 칸 공책 기준 5줄
2학년	열 칸 공책 한 쪽, 넓은 줄 공책 5~10줄
3, 4학년	좁은 줄 공책 10줄
5, 6학년	좁은 줄 공책 15줄

• 이은경 TV '매생이 클럽'

순한 맛 자유글
20개 영상

보통 맛 생각글
20개 영상

매운 맛 논리글
20개 영상

- 글쓰기 동기부여

글쓰기를 즐기고 꾸준히 쓰도록 동기부여하는 방법으로 독후감, 생활문 쓰기 등 다양한 공모전에 참여해 보는 것도 좋습니다. 요즘에는 학교에서 글쓰기 관련 대회가 거의 없고 상장받을 일이 없지요. 대신 이런 공모전을 활용해 보면 어떨까요? 꼭 상을 타지 않아도 목적을 가지고 써 보는 경험은 또 다른 즐거움을 줄 것입니다.

❶ 각종 공모전 모음 사이트
- 위비티 https://www.wevity.com
- 씽굿 https://contestkorea.com
- 올콘 https://www.all-con.co.kr

❷ 독서 감상문 대회
- 한국출판문화산업진흥원 '세종도서 독서 감상문 대회'
- 전국학교도서관사서협회 '전국 어린이 독서 감상문'
- 한국독서문화재단 '글나라 독서 감상문'
- 문학사랑협의회 '독서 감상문 공모 대회'
- 국민독서진흥회 '전국 청소년 독서 감상문'
- 창비 '창비 어린이 독서 감상문 대회'
- 다산북스 '놀청소년문학 독서 감상문 대회'
- 어린이동산 '어린이 독서 감상문 대회'

- 맞춤법과 띄어쓰기

❶ 원고지 쓰기
1, 2학년이라면 10칸 공책을 가로로 눕혀 원고지를 대신합니다. 그림
책을 읽고 인상 깊었던 구절 한 문장 필사하기 활동을 통해 자연스럽게
맞춤법과 띄어쓰기를 익힐 수 있습니다.

❷ 관련 책 읽기
01 《왜 띄어 써야 돼?》, 박규빈, 길벗어린이
02 《읽으면서 바로 써먹는 어린이 맞춤법 행성》, 한날, 파란정원
03 《받침구조대》, 곽미영, 만만한책방

❸ 맞춤법 검사기
부산대 맞춤법 검사기 http://nara-speller.co.kr/speller/
(1,200자의 긴 글을 한꺼번에 확인할 수 있음. 국립국어원에도 해당 링크 제공)

❹ 국어사전 활용
- 헷갈리는 맞춤법을 사전에서 찾아 표시하기
- 자주 틀리는 어휘 모아서 나만의 사전 만들어 보기
- 나만의 사전 보며 퀴즈를 내거나 그 속에 있는 단어 활용하여 짧은
글짓기하기

소통 잘하는 아이가 행복한 리더가 된다

글, 그림 김창옥, 이동철　출판사 어린이나무생각　권장 학년 5, 6학년

책 속으로

　소통 전문가로 유명한 김창옥 강사가 아이들의 눈높이에 맞추어 '소통하는 법'을 알려 준다. 소통을 잘하기 위해서 가장 먼저 할 일은 나를 이해하는 것이다. '나 들여다보기'를 통해 나의 열등감이나 소망은 무엇인지 살펴보고, 기분이 좋을 때와 나쁠 때는 언제인지 알아야 한다.

　그러고 나면 상대를 이해하기 위한 노력이 필요하다. '1분 기다리기', '전체를 바라보기', '아름다운 리액션' 등이 있다. 또 작은 것에도 감사하고 '1만 시간의 법칙'을 깨달아 인생을 잘 꾸려 나가는 것이 중요하다. 이 모든 것이 나, 타인, 세상과 현명하게 소통하는 방법이다.

　50가지 사례를 통해 소통에 대한 이해를 높이고 각 장마다 만화를 삽입해 흥미를 높였다. 또 '역사 속 소통의 달인'이라는 페이지를 넣어 위인들을 살펴보는 기회도 마련해 두었다. 책 말미에는 어린이를 위한 소통의 법칙 10가지를 소개하여 전체 내용을 상기할 수 있게 돕는다.

시크릿한 책 속 이야기

　"저는 엄마랑 진짜 말이 안 통해요!"

　일찍 등교한 아이들과 대화를 나누다 보면 이런저런 고민이나 푸념 섞인 하소연을 들을 때가 있습니다. 어느 날 씩씩대며 들어온 한 아이가 이런 말을 하더군요. 엄마가 자기 마음을 너무 몰라주고, 눈만 마주치면 공부했냐고 묻거나 방 청소 좀 하라고 잔소리를 해서 아무 말도 하고 싶지 않아진다면서요. 또 그런 소리를 들을 때마다 하려고 했던 마음이 싹 사라진다나요?

　아이들의 투덜거림이 이해가 되긴 하지만 두 자녀를 키우다 보니 학부모의 마음도 충분히 알겠더라고요. 비단 부모와 자식 사이만 있는 일일까요? 스

승과 제자, 또래 집단 등 다양한 관계 속에서 소통 문제를 겪는 사람들이 많습니다.

만약 소통의 문제를 겪고 있다면 마셜 로젠버그 박사가 쓴 《비폭력 대화》를 추천합니다. 이 책은 비폭력 대화의 기본 개념과 적용 과정을 자세히 다룹니다. 요즘은 학교나 사회에서 혼자 공부하고 혼자 성공하는 시대가 아닙니다. 협력적 소통이 갈수록 중요한 역량으로 떠오르고 있지요. 협력 학습이나 공동 프로젝트 등을 통해 서로 머리를 맞대고 문제를 해결해야 할 일이 늘고 있기 때문입니다.

스피치 학원을 다니며 단순히 발표를 잘하는 것이나 남 앞에서 유려한 말솜씨를 뽐내는 것이 진정한 소통은 아닙니다. 인간관계에서 갈등은 언제나 생기기 마련이고, 이것을 잘 풀어 가면서 진심을 주고받는 것이 진정한 소통의 힘이지요. 소통은 평화를 이루는 과정이며, 나와 타인을 깊이 알아 가는 기회입니다. 상대방이 계속 문제를 일으키고 고통의 원인을 제공할지라도 내 마음의 주인은 언제나 나 자신입니다. 다른 사람에게 책임을 떠넘기지 않기로 해요!

문해력 높이는 질문 독서

- 책 속에 답이 있는 얇은 질문 만들기

  예시 1 올바른 자신의 모습을 바라보게 만드는 물건 3가지는 무엇인가요?

  예시 2 임진왜란 때 우리 바다를 지킨 명장으로 거북선을 만든 위인은 누구인가요?

- 생각해야 답할 수 있는 두꺼운 질문 만들기

  예시 1 역사 속 소통의 달인 중 가장 기억에 남는 인물은 누구인가요?

  예시 2 가족이나 친구가 말을 할 때 리액션이 좋으면 대화가 더 즐거워집니다. 재미있는 리액션 하나를 준비한다면 어떤 것이 좋을까요?

부모와 아이의 인사이트 확장을 위한 TIP

- 어린이를 위한 소통의 법칙 10가지 중에서 잘 실천하고 있는 것에 동그라미를 해 봅시다. 앞으로 노력이 필요한 법칙은 구체적인 실천 방법을 써 보세요!

① 내가 먼저 마음을 열어요.	⑥ 칭찬을 잊지 마세요.
② 상대방을 끝까지 믿어줘요.	⑦ 자신을 소중히 여기세요.
③ 감사할 일을 떠올려 보세요.	⑧ 웃음은 우리가 나눌 수 있는 가장 쉬운 선물이에요.
④ 화가 났을 때는 한발 물러나서 생각해요.	⑨ 긍정적으로 바라보세요.
⑤ 첫인상만으로 판단하지 마세요.	⑩ 에너지를 얻을 수 있는 자신만의 옹달샘을 가지세요.

(예: 3번, 매일 저녁 감사 일기를 쓸 것이다.)

어린이를 위한 데일 카네기의 인간관계론

글, 그림 김지연, 유영근   출판사 제제의숲   권장 학년 5, 6학년

책 속으로

이 책은 인간관계의 바이블로 알려진 《데일 카네기의 인간관계론》을 어린이의 눈높이에 맞게 재구성한 책이다. '관계를 위한 3가지 기본 원칙', '호감 가는 사람이 되는 6가지 방법', '싸우지 않고 설득하는 8가지 방법' 등 총 3장으로 이루어져 있고, 17가지 인간관계 기술을 다루고 있다.

각 장마다 먼저 데일 카네기가 《데일 카네기의 인간관계론》에서 언급한 성공 리더들의 일화를 알려 준다. 이어서 요즘 초등학생들의 일상생활을 예시로 보여 주며 좋지 않은 방법과 좋은 방법을 비교해서 소개한다. 실제로 적용 가능한 실천 방법 51가지를 담고 있으며 구체적인 연습법도 설명해 주어 어린이 스스로 활용할 수 있다.

특히 초등학생이 고민하는 학교생활, 친구 관계 등 일상적인 사례와 구체적인 실천 가이드가 있어, 중학년은 물론 저학년까지도 쉽게 성공적인 인간관계의 기술을 배울 수 있다.

시크릿한 책 속 이야기

"나는 인기가 없어."

"역시 ○○이는 인싸야!"

교실에서 이런 말이 들릴 때면 초등학생도 관계 지향적이고 또래 집단에게 인정받고 싶은 욕구를 가지고 있다는 것을 알 수 있습니다. 매슬로의 욕구 단계 이론에 따르면 먹고 자는 생리적 욕구와 안전의 욕구가 채워지면 공동체 속에서 사랑과 소속감을 느끼고 싶은 욕구가 생깁니다. 다음 단계로는 존경을 받고 싶어집니다. 사람마다 정도의 차이는 있겠으나 누구나 이러한 본능을 가지고 있습니다.

학교에서는 어떤 아이가 인기 있을까요? 잘 생기고 예뻐야 할까요? 제가 가르쳤던 반에서 인기 있는 친구들의 공통점은 외모가 아니었습니다. 개그맨처럼 웃기고 재미있는 친구도 아니었지요. 물론 적극적이고 유머와 재치가 있는 친구들이 학기초에 빠르게 관심을 끌고 1학기 학급 회장이 되는 편입니다.

하지만 1년을 통틀어 아이들에게 가장 오랫동안 인기가 있는 친구들은 긍정적이고 열린 마음의 아이들이었어요. 무조건 친구 말을 다 들어주고 양보만 하는 것이 아니라 자존감과 자신감을 기반으로 옳고 그름의 기준이 명확하고 자기 할 말은 하는 친구, 그 바탕에 배려와 공감 능력이 높은 아이들이었습니다.

"이거 왜 해요? 하기 싫어요." "쟤는 또 왜 저래?" 같은 부정적인 말이 아니라 "한번 해 볼게요!" "내가 도와줄까?"와 같이 반 분위기를 밝게 만드는 친구들이기도 했지요. 아무리 어려도 좋은 사람은 다 알아보는 법이더라고요. 그 '좋은' 사람이 되는 법이 이 책에 구체적으로 담겨 있답니다.

문해력 높이는 질문 독서

• 책 속에 답이 있는 얇은 질문 만들기

  예시 1 관계를 위한 3가지 기본 원칙은 무엇인가요?

  예시 2 싸우지 않고 설득하는 8가지 방법은 무엇인가요?

• 생각해야 답할 수 있는 두꺼운 질문 만들기

  예시 1 호감 가는 사람이 되는 나만의 방법이 있나요?

  예시 2 친구가 여러분에게 불평이나 비난하는 말을 하면 어떤 기분이 드
  나요? 반대로 여러분이 친구에게 비판과 비난을 한 적은 없나요?

부모와 아이의 인사이트 확장을 위한 TIP

• 이름 부르기 프로젝트

데일 카네기는 사람의 이름을 기억하고 불러 주는 일이 중요하다고 했습니다. 아래 김춘수의 시 〈꽃〉의 일부를 읽어 보며 이름을 불러 주는 것이 왜 중요한지 써 봅시다. 나에게 의미 있는 이름도 생각해 보고 다정하게 불러 볼까요?

꽃

김춘수

내가 그의 이름을 불러주기 전에는
그는 다만
하나의 몸짓에 지나지 않았다.

내가 그의 이름을 불러주었을 때
그는 나에게로 와서
꽃이 되었다.

지역·국가·세계 공동체의 구성원에게 요구되는

개방적·포용적 가치와 태도로

지속가능한 인류 공동체 발전에

적극적이고 책임감 있게 참여하는

(공동체 역량)

현직 교사가 알려 주는

자기계발50
──공동체 역량

친구를 모두 잃어버리는 방법

글, 그림 낸시 칼슨 출판사 보물창고 권장 학년 1, 2학년

책 속으로

이 책에는 친구를 모두 잃어버리는 방법이 나온다. 다른 사람도 아니고 엄마가 다정한 말투로 아이에게 친구를 잃는 법을 구체적으로 이야기해 준다. "그럼에도 불구하고, 아직 친구가 남아 있다면 딱 한 가지만 더 가르쳐 줄게!"라며 엄청난 비법이나 되는 듯 하나하나 알려 준다. 그 방법은 바로 짜증 내기, 혼자 독차지하기, 심술꾸러기 되기, 반칙하기, 고자질하기, 엉엉 울기다. 이 기적이고 고집불통인 주인공은 어떻게 될까? 이대로 친구를 모두 잃어버리는 데 성공하게 될까?

시크릿한 책 속 이야기

2학년 친구들에게 이 책을 읽어 주었는데 깔깔대며 좋아했던 기억이 납니다. "어유~ 저러면 나라도 싫겠다." "정말 친구를 잃어버릴 만하네!" 제법 맞장구도 치면서요. 책에서는 친구를 모두 잃어버리는 방법을 보여 주었지만, 오히려 친구 사귀는 방법을 떠올리게 되는 재미있는 책이랍니다.

요즘은 형제자매가 1명이거나 외동인 친구들이 많지요. 무언가를 나누고 양보하는 게 참 낯설 거예요. 그래서인지 학교에서는 크고 작은 갈등이 매일 같이 일어납니다. 사실 아이들이 학교에 오는 이유 중에는 공부를 열심히 하는 것보다 친구와 놀고 싶어 하는 마음이 더 크잖아요. 그런데 친구와 다투거나 토라지는 날이 계속되면 학교생활이 참 힘듭니다. 하루 종일 기분이 나쁘고 선생님 말씀에 집중하기도 어렵지요.

자라는 아이들이기에 인간관계도 배워야 합니다. 실수를 했다면 인정하고 사과할 줄 알아야 해요. "○○아, 내가 네 연필을 허락 없이 가져가서 미안해. 앞으로는 조심할게." 친구에게 미안한 마음을 표현하는 것이 생각보다 쉽지

않아요. 쑥스러울 수도 있고 자존심이 상한다고 생각하는 친구도 있어요.

이 책이 흥미로운 점은 친구와 잘 지내는 뻔한 방법이 아니라 모두 잃어버리는 법을 태연하게 알려 준다는 거예요. 친구가 없다면 어떨까요? 화가 많이 났을 때는 그런 친구는 필요 없다고 생각할지 몰라요. 하지만 막상 친구가 없다면 심심하고 외로울 거예요. 친구를 잃어버리는 방법을 살펴보며 역지사지의 마음도 배울 수 있어요. 사람은 생김새만큼이나 모두 달라요. 그 다름을 이해하고 수용한다면 학교생활이 조금 더 즐거워진답니다.

문해력 높이는 질문 독서

• 책 속에 답이 있는 얇은 질문 만들기

> **예시 1** 책 속에서 말한 '친구를 잃어버리는 방법'을 써 보세요.

> **예시 2** 책 속에서 장기 놀이를 하던 아이는 질 것 같을 때 어떤 행동을 하였나요?

• 생각해야 답할 수 있는 두꺼운 질문 만들기

> **예시 1** 친구와 사이좋게 지내는 나만의 방법을 말해 보세요.

> **예시 2** 친구와 함께할 수 있는 놀이 한 가지를 추천해 주세요.

부모와 아이의 인사이트 확장을 위한 TIP

• 친구를 만드는 방법을 생각하여 브레인스토밍을 해 봅니다. 그중 직접 행
동으로 옮겨 보고 싶은 내용을 그림으로 그려 보세요.

친구를 만드는 방법	
(예시) 양보하기, 학용품 빌려주기 등	(예시) 친구와 눈이 마주치면 활짝 웃기

아름다운 가치 사전 2 ★한국출판문화산업진흥원 청소년 권장 도서

글, 그림 채인선, 김은정   출판사 한울림어린이   권장 학년 2, 3학년

책 속으로

50만 부가 넘게 판매된 《아름다운 가치 사전》에 이어 10년 만에 출간한 시리즈 두 번째 책이다. 전작의 구성을 그대로 살리되 개인의 행복을 넘어 타인, 공동체, 자연으로 범위를 확장했다. '모두를 위한 가치'라는 부제가 알려 주듯 더불어 사는 삶의 소중함에 대해 강조하고 있다.

이 책에 실린 경청, 공감, 끈기, 바른 마음, 보살핌, 생명 존중, 솔선, 양보, 우정, 자연 사랑, 자유, 절약, 질서, 평화, 협동, 희망 등의 가치는 세계시민사회를 살아가는 우리에게 꼭 필요한 미덕이다. 이러한 가치들의 추상적인 개념을 사전식으로 설명하는 것이 아니라 일상의 경험, 주변 사람과의 대화 등 사례 속에서 의미를 이해할 수 있도록 구성하고 있다. 구체적이고 일상적인 상황 속에서 가치를 받아들임으로써 자연스럽게 올바른 가치관을 확립할 수 있게 돕는다.

또한 생활에서 실천할 수 있는 구체적인 방법과 부모님, 선생님이 해당 가치를 지도할 때 참고할 수 있는 자료까지 담고 있다.

시크릿한 책 속 이야기

1991년부터 30년 넘게 전 세계로 퍼져 나간 버츄프로젝트(Virtues Project)를 아시나요? 인터내셔널에서 개발한 인성교육 도구입니다. 달라이 라마, 오프라 윈프리 등 세계적인 명사들이 탁월한 프로그램이라며 한 목소리로 추천하였지요. UN에서는 "어느 문화권이든 활용할 수 있는 범세계적인 인성교육 프로그램"으로 인정했습니다.

우리나라에는 《자존감, 효능감을 만드는 버츄프로젝트 수업》이라는 책이 나오면서 버츄프로젝트가 널리 알려지기 시작했어요. 이 책에는 모두 52가

지의 가치가 담겨 있습니다. 모든 문화권에서 보편적으로 소중하게 여기는 360여 가지 미덕 가운데 임의로 선정한 것이라고 해요. 버츄프로젝트 중에서 '미덕의 언어로 말하기'는 가정에서도 충분히 활용 가능하므로 그 방법을 소개해 봅니다.

첫째, 미덕을 발견한 즉시 말해 줍니다. 특히 평소 어려워했던 목표 행동을 잘하고 있을 때 이야기해 주면 효과가 좋습니다. 평소 자기 자리 정리를 어려워하는 아이인데 깨끗하게 치웠다면, "우와! ○○이 책상이 참 깨끗하네. 지금 너에게서 '정돈'의 미덕을 봤어!"라고 즉시 말해 줍니다.

둘째, 노력을 미덕으로 말해 줍니다. 결과 중심의 칭찬이 아닌 '미덕 인정'을 해 주어 준비 과정 자체에 미덕이 있음을 깨닫게 돕습니다. "○○이 집중 시간이 길어졌네. 끈기 미덕이 점점 강해지고 있구나!"

셋째, 실수와 실패도 미덕으로 말해 줍니다. 만약 아이가 줄넘기 1급 도전에 실패했다면 "그동안 줄넘기 연습을 꾸준히 하며 열정과 인내의 미덕을 깨웠구나! 그 모습이 참 대견하고 감사해." 모든 도전이 미덕을 깨우는 경험이라고 생각하면 그 어떤 것도 실패라고 볼 수 없을 것입니다.

문해력 높이는 질문 독서

• 책 속에 답이 있는 얇은 질문 만들기

예시 1 의자에 앉아 있기 힘든 지민이는 어떤 목표를 세웠나요?

예시 2 책에서 '지구에 굶는 아이들이 없기를 바라는 것. 그것을 위해 내가 할 수 있는 일을 하는 것'은 어떤 가치를 뜻하나요?

• 생각해야 답할 수 있는 두꺼운 질문 만들기

예시 1 자신에게 가장 부족한 가치는 무엇이라고 생각하나요?

예시 2 "장미를 자꾸만 보게 되는 것이 '아름다움'이다."와 같이 여러분이 생각하는 '우정'을 말해 봅시다.

부모와 아이의 인사이트 확장을 위한 TIP

• 미덕 칭찬하기

감사	배려	유연성	창의성	결의	봉사	이상 품기
책임감	겸손	사랑	이해	청결	관용	사려 인내
초연	근면	상냥함	인정	충직	기뻐함	소신 자율
친절	기지	신뢰	절도	탁월함	끈기	신용 정돈
평온함	너그러움	열정	정의로움	한결같음	도움	
예의	정직	헌신	명예	용기	존중	협동 목적의식
용서	중용	화합	믿음직함	우의	진실함	확신

❶ 들려주고 싶은 사람: ....

❷ 미덕 칭찬 발사!

....

....

....

돌멩이국

글, 그림 존 무스 출판사 달리 권장 학년 2, 3학년

책 속으로

'복', '록', '수'라는 세 스님이 함께 여행길에 오른다. 한 마을에 들어섰는데 모두 문을 걸어 잠궜다. 낯선 외지인에게 피해를 입을까 걱정되었기 때문이다. 전쟁, 재해 등으로 고난을 겪은 마을 사람들은 너무 지쳐서 낯선 사람은 물론이고 이웃끼리도 서로를 의심하며 살고 있었다. 스님들은 사람들에게 행복을 되찾아 주려고 마을 한가운데서 돌멩이국을 끓이기 시작한다.

스님을 경계하던 사람들은 하나둘 호기심을 보인다. "소금이 들어가면 더 맛있겠다." "양파가 있으면 좋겠다." 등 스님들의 말을 들은 사람들은 집에서 각종 재료를 가져오기 시작한다. 작은 냄비에 돌멩이 3개를 넣고 끓이기 시작했던 국은 어느새 갖은 채소와 양념이 듬뿍 들어간 맛있는 국이 된다.

마을 사람들은 다 함께 둘러앉아 돌멩이국을 나눠 먹으며 행복을 느낀다. 그저 갖고 있던 채소나 양념을 조금씩 내놓았을 뿐인데 몇 배의 기쁨을 돌려받았다. 스님들은 돌멩이국을 통해 함께와 나눔의 가치를 일깨우고 진정한 행복의 의미를 깨닫게 도왔다.

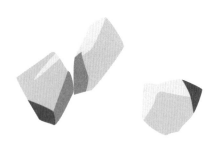

시크릿한 책 속 이야기

"아싸~ 내일 비빔밥이다!"

신규 교사 시절 비빔밥이 나올 때면 저는 늘 비닐장갑을 꼈습니다. "앗, 뜨거!" 소리가 절로 나왔지만 아이들의 반짝이는 눈빛을 보며 신나게 비볐습니다. 차가운 콩나물 양념 국물에 손을 담궈 가면서요. 널따랗고 큰 사각 밥통에 전체 아이들이 먹을 양을 한꺼번에 넣어 비빕니다. 3분의 2는 빨갛게 양념을 버무리고 나머지는 하얗게 나물만 비벼 둡니다. 급식판을 들고 줄을 선 아이들은 취향에 맞춰 양껏 비빔밥을 담아 갔지요.

함께 먹는 비빔밥이 얼마나 맛있었는지 모릅니다. 평소 밥을 남기던 아이들까지 싹싹 긁어 먹는 모습, 맛있다며 감탄사를 연발하는 모습에 덩달아 비빔밥 나오는 날을 손꼽아 기다리게 되었어요. 아쉽게도 코로나19를 겪으며 함께 나누어 먹는 기쁨이 많이 줄어들었습니다. 꼭 실과 시간이 아니더라도 학급 전체 보상의 일환으로 음식을 챙겨와 서로 나눠 먹기도 하고 떡볶이 파티도 했었는데 말이지요.

교실 놀이, 요리 실습 등 함께하는 즐거움을 누릴 수 있는 활동을 찾아 가정에서도 해 보면 어떨까요? 김밥, 카레, 또띠아 피자, 쿠키 등 간단한 재료로 만들 수 있는 요리들이 제법 많거든요. '한솥밥 먹는다.'는 표현은 가족처럼 가까운 사이를 뜻하는 말입니다. 같이하는 활동 중 무언가를 함께 나누어 먹는 게 가장 빨리 정이 드는 방법 같아요. 돌멩이국처럼 말이죠.

문해력 높이는 질문 독서

• 책 속에 답이 있는 얇은 질문 만들기

예시 1 세 스님이 들어서자 마을 사람들은 어떻게 행동하였나요?

예시 2 돌멩이국에 들어간 재료는 무엇인가요?

• 생각해야 답할 수 있는 두꺼운 질문 만들기

예시 1 무언가를 함께 나눠 먹으며 기뻤던 기억이 있나요?

예시 2 여러분이 돌멩이국을 끓인다면 어떤 재료를 넣고 싶나요?

부모와 아이의 인사이트 확장을 위한 TIP

• 돌멩이국 프로젝트

샐러드, 카레, 볶음밥 등 집에 있는 재료를 활용하여 요리를 해 봅시다. 감자가 없다면 고구마를 넣은 카레도 좋아요. '냉장고 파먹기'라는 말처럼 집에 있는 재료를 활용하여 만들어 보세요. 음식물 쓰레기도 줄일 수 있을 뿐더러 의외로 맛있는 음식이 완성되어 놀랄지도 몰라요.

일곱 나라 일곱 어린이의 하루 ★2017 아마존 최고의 책, 미국

글, 그림 맷 라모스   출판사 풀빛   권장 학년 2, 3학년

책 속으로

세계 여러 나라의 문화와 생활 방식을 담은 그림책이다. 이탈리아에 사는 로메오, 일본의 케이, 페루에 사는 리발도, 우간다의 다피네, 러시아의 올레크, 이란의 키안, 인도의 아나나까지! 실제로 일곱 나라에 살고 있는 일곱 어린이들이 보내 준 사진과 자료를 바탕으로 책을 구성해 그들의 하루 일상을 생생하게 알 수 있다.

다른 나라 어린이들은 아침에 어떤 음식을 주로 먹는지, 학교 갈 때 어떤 옷을 입는지, 학교에서 무슨 과목을 배우는지, 학교생활은 어떤지, 아이들이 즐겨하는 놀이는 무엇인지, 저녁 시간은 어떻게 보내는지 등을 볼 수 있다.

일곱 나라 일곱 어린이들이 어떻게 지내는지 살펴보면서 자연스럽게 각 나라의 독특한 생활 방식과 문화를 배운다. 더불어 우리 문화와 생활 방식에도 관심을 가지고 비교해 보면서 다양한 문화를 이해하는 기회를 얻는다.

시크릿한 책 속 이야기

"선생님, 저는 소고기 못 먹어요."

"어! 나는 돼지고기 못 먹는데……."

어느 해 우리 반에는 방글라데시와 우즈베키스탄에서 온 친구들이 있었어요. 그 친구들은 종교적·문화적 이유로 급식 시간에 먹지 못하는 음식이 있었지요. 하필 주재료인 고기류라 참 난감했어요. 고기가 나오는 날에는 채소 쌈이나 국물 외에 같이 먹을 반찬이라고는 김치뿐이었거든요. 심한 날에는 소고기 볶음에 소고기 미역국이 나와서 국물조차 먹을 수 없었지요.

그런 날을 대비하여 제 사물함에는 조미김 봉지가 여럿 있었어요. 처음에는 급식실로 가서 달걀프라이라도 해 달라고 했는데 여의치 못할 때가 많더라고

요, 그래서 생각해 낸 것이 조미김이었지요. 어느 날에는 급식을 아예 먹지 못한다고 했어요. 금식 기간이라고 하더라고요. 그때는 우리끼리만 점심을 먹는 게 어찌나 미안했는지 몰라요.

　갈수록 다문화가정 친구들이 늘어나고 있어요. 그만큼 문화의 다양성을 이해하는 역량 또한 중요해지고 있습니다. 《일곱 나라 일곱 어린이의 하루》그림책을 계기로 다양한 문화에 관심을 가져 보면 좋겠습니다.

문해력 높이는 질문 독서

• 책 속에 답이 있는 얇은 질문 만들기

예시 1 이 책에 나오는 일곱 나라는 어디인가요?

예시 2 일본의 수도는 어디인가요?

• 생각해야 답할 수 있는 두꺼운 질문 만들기

예시 1 책에 나오는 일곱 나라 중 가 보고 싶은 나라는 어디인가요? 그 이유는 무엇인가요?

예시 2 더 알고 싶은 나라가 있다면 어떻게 조사할까요?

부모와 아이의 인사이트 확장을 위한 TIP

• 더 알고 싶은 나라에 대해 조사해 봅시다. 나라 이름, 수도, 전통 의상, 인사말 등 궁금한 것을 찾아보세요.

더 알고 싶은 나라

나라 이름:

수도:

전통 의상:

인사말:

더 알고 싶은 나라

더 알고 싶은 나라

더 알고 싶은 나라

법을 아는 어린이가 리더가 된다

글, 그림 김숙분, 유남영   출판사 가문비어린이   권장 학년 4, 5학년

책 속으로

법은 사람이 살아가며 지켜야 할 최소한의 기본 가치와 질서를 모아 놓은 것이다. 우리 생활 곳곳에 법이 미치지 않는 것이 없다. 이 책은 주변에서 늘 접하는 일들을 예화로 구성하여 그 안에서 발생하는 법률적 문제들을 생각해 보도록 꾸며 놓았다.

특히 '저작권 침해' 관련 내용은 2017 개정 교육과정 국어활동 교과서에 수록되어 있다. 글짓기부에서 활동하는 민호가 유명 작가의 글을 베껴서 제출하자 담당선생님이 저작권에 대해 알려 준다.

이 외에도 '만우절에 거짓말을 해도 될까?' '도와주기 싫으면 거절해도 될까?' '미성년자 노동' '친구를 괴롭히는 것도 범죄일까?' 등 어린이들이 실제로 겪을 법한 이야기를 읽으며 자연스럽게 법을 알아 가며 생각을 키울 수 있다.

시크릿한 책 속 이야기

착하게 사는 사람을 일컬어 '법 없이도 살 사람'이라고들 합니다. 하지만 아무리 바르게 살아도 이런저런 관계 속에 갈등이 생기기 마련입니다. 어린이라도 교통사고나 학교폭력 등 사건에 휘말릴 수 있으므로 법 앞에 자유로울 수 없습니다.

물론 아동이나 청소년은 보호자의 보호 아래 있으므로 직접적인 법적 분쟁을 겪을 일은 드물 것입니다 하지만 '아는 것이 힘이다.'라는 속담이 있듯이 최소한의 법률 지식은 자기 자신을 지키는 데 도움이 됩니다.

특히 법을 알면 법적인 사고를 할 수 있기 때문에 복잡한 문제가 생겼을 때 감정적인 대처가 아닌 논리적이고 합리적인 접근이 가능합니다. 덕분에 리더

로 활약할 가능성이 높아지지요. 세계적인 지도자 가운데 전직 법률가가 많은 것도 이런 이유일 것입니다.

"민식이법에 대해 알고 있니?" 이 작은 질문 하나가 법에 관심을 갖게 만드는 단초가 됩니다. 평소에 신문 기사를 관심 있게 보며 아이와 이야기를 나눠 보세요.

"민식이는 아홉 살 어린이였는데 어린이보호구역에서 횡단보도를 건너다 달려오는 차에 치여 사망했어. 민식이법은 어린이보호구역 내 교통사고를 줄이기 위해 처벌을 강화한 법이야."

아직 어리니까 몰라도 된다고 치부하기보다 어릴 때부터 법적인 사고를 할 수 있도록 다양한 일화 속에서 법률 지식을 나누면 좋겠습니다.

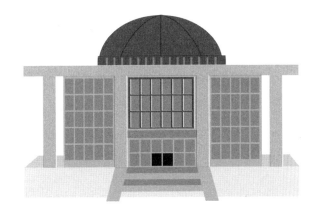

문해력 높이는 질문 독서

• 책 속에 답이 있는 얇은 질문 만들기

　　예시1 '착한 사마리아 법'이란 무엇이었나요?

　　--

　　--

　　예시2 '권리 남용 금지의 법칙'이란 무엇인가요?

　　--

　　--

• 생각해야 답할 수 있는 두꺼운 질문 만들기

　　예시1 리더가 되려면 왜 법을 알아야 할까요?

　　--

　　--

　　예시2 여러분이 생각하는 악법에는 어떤 것이 있나요?

　　--

　　--

부모와 아이의 인사이트 확장을 위한 TIP

- 대한민국 어린이국회를 아나요?

  대한민국 어린이국회는 어린이들이 공동체의 관심사에 대하여 문제 인식을 갖고 서로 의견을 나누는 과정을 통하여 민주주의를 체험할 수 있는 기회를 제공함으로써 민주시민으로서의 자질과 미래 지도자로서의 능력을 함양할 수 있도록 하는 입법 활동 체험의 장입니다.

  어린이국회연구회의 활동을 통하여 어린이의 권익 보호나 지역의 현안에 관심을 갖고 대화와 타협, 토론과 논쟁 등을 통하여 실제로 법률안을 만들어 보는 살아 있는 민주시민교육의 기회를 제공하는 자리입니다.

  매해 어린이국회가 열리고 있으며 코로나19 기간 중 온라인에서 개최하였습니다. 지난 2023년에는 다시 오프라인에서 어린이국회가 열려 입법 과정을 국회 현장에서 직접 체험할 수 있게 되었습니다. 자세한 일정 및 내용은 '대한민국 어린이국회' 사이트에서 확인 가능합니다.

  https://child.assembly.go.kr/

어린이를 위한 공동체 수업

글, 그림 이정호, 방인영   출판사 푸른날개   권장 학년 4-6학년

책 속으로

이 책은 어린이에게 공동체의 의미를 알려 주기 위해 36가지 상황을 제시한다. 각 상황마다 문제를 해결해 보는 활동과 알맞은 해결책을 담고 있다. 태어나 가장 먼저 공동체의 일원이 되는 '가족'을 시작으로 또래 집단을 만나는 '학교', '우리 동네', 더 나아가 '우리 지구'에서 조화롭게 사는 법을 알려 준다.

가족 사이에 지켜야 할 예절, 나누고 배려하는 마음, 작은 도움의 가치, 인종이나 종교 또는 장애 여부에 상관없이 모든 생명은 존중받아야 한다는 내용을 담고 있다. 어렵고 딱딱한 설명이 아니라 어린이의 눈높이에 맞춰 충분히 공감할 수 있는 그림과 문제로 표현했다.

예를 들어, "모둠 활동은 왜 하는 거야. 혼자 하면 편한데."라는 내용은 공동체 생활 중 어린이가 직접 겪을 법한 문제 상황이다. 이를 자신의 상황과 견주어 생각하고 스스로 문제를 해결해 가는 과정에서 좋은 공동체를 만들기 위한 실천거리를 찾을 수 있게 돕는다.

시크릿한 책 속 이야기

'공동체 의식'이란 무엇일까요? 어쩐지 지구와 세계가 떠오르는 거창한 단어처럼 느껴지지만 실은 그렇게 대단한 게 아닙니다. 모두가 함께 잘살기 위해 양보하고 배려하는 작은 마음 또한 공동체 의식이지요.

최근 학교폭력, 악성 민원 등 각종 비극의 진원지가 되어 버린 학교와 '탈출은 지능 순'이라며 교직을 떠나는 교사가 증가하는 현실이 참 안타깝습니다. 모두 '내 존재가 소중한 만큼 다른 사람도 소중하다.'는 점을 깨달았으면 합니다.

공동체 의식의 시작점은 가정입니다. 부모와 자녀, 형제자매 간 존중이 교

사와 학생, 친구 사이의 존중으로 발전합니다. 따뜻한 학교 공동체는 더 나아가 시민의식을 갖춘 마을 공동체로 확장될 것입니다.

"친구들이랑 싸우지 마! 어른 말씀은 무조건 잘 들어!"라고 얘기하는 것이 아닙니다. 어른이라도 실수할 수 있고 모든 것을 다 알지 못합니다. 친구와 싸우지 않고 자라는 아이를 찾기란 사막에서 바늘 찾기나 다름없습니다. 갈등이 생겼을 때 건강하게 해결하는 방법을 알려 주세요. 먼저 모범을 보여 주세요.

인간의 행동은 전염성이 강하며, 생각한 것보다 훨씬 협조적입니다. 델라웨어대학교 재난연구센터 자료에 따르면 긴급한 재난 상황에서 인간은 이기적인 행동을 거의 보이지 않는다고 합니다. 대부분의 사람들이 자기보다 다른 사람을 돕는 이타적인 행동을 보인다는 겁니다. 우리 유전자 깊숙한 곳에 공감하고 소통하며 함께하길 원하는 초사회성이 숨어 있음을 잊지 마세요.

문해력 높이는 질문 독서

• 책 속에 답이 있는 얇은 질문 만들기

예시1 책에서 모둠활동 중 딴짓을 하는 친구가 있다면 어떻게 하는 게 좋다고 했나요?

예시2 따돌릴 때 못 본 척하는 아이들을 세 글자로 뭐라고 하나요? (초성 힌트: ㅂㄱㅈ)

• 생각해야 답할 수 있는 두꺼운 질문 만들기

예시1 어떨 때 여럿이 함께 있는 것이 좋겠다는 생각이 드나요?

예시2 가족과 함께 하고 싶은 것을 써 봅시다.

부모와 아이의 인사이트 확장을 위한 TIP

• '쩨다카(Tzedakah)'를 아나요?

  유대인 가정이나 학교 회당에는 나눔을 실천하는 '쩨다카'라는 통이 있습니다. 여기에 돈을 넣으며 기부와 봉사 정신을 생활화하지요. 《하브루타 삶의 원칙 쩨다카》에는 유대인의 선행 수준인 쩨다카를 8단계로 구분합니다.

  1단계 아까워하면서 마지못해 주는 것
  2단계 줄 수 있는 것보다 덜 주지만 즐겁게 주는 것
  3단계 달라고 해서 주는 것
  4단계 달라고 하기 전에 주는 것
  5단계 받는 자가 주는 자가 누구인지 알 수 있게 주는 것
  6단계 주는 자는 받는 자가 누구인지 알지만 받는 자는 모르게 주는 것
  7단계 쌍방이 서로 모르면서 주는 것
  8단계 받는 사람이 자립할 수 있도록 도와주는 것

  여러분은 몇 단계에 해당하나요? 상위 단계로 오르기 위해 실천할 수 있는 나눔에는 어떤 것이 있는지 생각해 보고 실천에 옮겨 봅시다.

어린이를 위한 정의란 무엇인가 ★문화체육관광부 우수 교양도서

글, 그림 안미란, 정진희   출판사 주니어김영사   권장 학년 5, 6학년

책 속으로

이 책의 주인공인 태원, 광수, 강성, 서영, 예나는 큰내 초등학교에 다니는 5학년 친구들이다. 이들은 8가지 이야기의 주인공이 되어 여러 가지 문제 상황에 봉착하며 고민에 빠진다.

강성, 태원, 광수는 야구를 즐겨하는데, 어느 날 광수의 실수로 강성이의 야구공을 잃어버리고 만다. 강성이는 할머니와 어렵게 사는 광수에게 야구공을 물어내라고 할 수가 없다. 한편 예나는 자신이 다니는 학원에 서영이를 소개하고 그 대가로 상품권을 받는다. 이 사실을 우연히 알게 된 서영이는 자신이 이용당한 것 같아 마음이 좋지 않다. 무지개 반은 늘 성적이 꼴찌다. 아이들은 반 평균점수 향상을 위해 지적장애가 있는 덕만이가 시험을 안 쳤으면 하고 바라게 된다.

이 외에도 다양한 이야기를 통해 배려, 자율, 다수결의 함정, 향유, 균형 등 '정의'라는 관점에서 인물들의 행동을 하나씩 짚어 본다. 각 장의 마지막 페이지에는 문제 상황을 어떻게 바라보고 해결하면 좋을지 전문가의 길잡이 글과 더 생각해 볼 수 있는 질문이 실려 있다.

시크릿한 책 속 이야기

"체육대회날 ○○이 안 오면 좋겠다."

어느 해 체육대회를 앞두고 반 아이들이 푸념하는 소리가 들렸습니다. 반 대항 경기에서 행동이 느린 친구 때문에 질 게 뻔하다는 이유 때문이었지요.

그 날은 꽤 오랫동안 아이들과 이야기를 나누어야 했습니다. 게임의 '결과'와 함께 노력하며 즐기는 '과정' 중 어느 것이 더 중요한지에 대한 내용이었지요. 속상한 아이들 마음이 이해는 되지만 그로 인해 더 속상한 사람이 생기는

것이 과연 옳은 일일까요? 공동의 가치를 위해 특정 개인의 가치를 무시하는 것은 정의로운 일인지 깊이 생각해 볼 문제입니다.

하버드대학교 마이클 샌델 교수가 강의한 정의(Justice)에 대한 내용을 엮은 책《정의란 무엇인가》는 한국에도 정의 돌풍을 일으켰습니다. 그래서 이 책 《어린이를 위한 정의란 무엇인가》가 출간되었지요.

우리는 남녀노소 할 것 없이 수많은 문제 상황을 마주하며 살아갑니다. 모든 상황에 단 한 가지의 정답이 존재하지 않습니다. 사람마다 추구하는 가치와 생각이 모두 다르기 때문입니다. 마이클 샌델 교수도 관점에 따라 정의에 대한 '정의'가 달라진다고 말합니다. 매 순간 무엇이 올바른지 고민하고 자신의 견해를 수정하며 끊임없이 지혜로운 선택을 해 나가는 것이 곧 정의로운 삶을 사는 것 아닐까요?

문해력 높이는 질문 독서

• 책 속에 답이 있는 얇은 질문 만들기

예시 1 방글샘 반 급훈은 무엇인가요?

예시 2 아파트 주민회관에 모인 사람들이 부자보호센터 건립을 반대하는 이유는 무엇인가요?

• 생각해야 답할 수 있는 두꺼운 질문 만들기

예시 1 집안 환경이 어려워 방과후에 간식을 사 먹지 못하는 친구가 있다면 계속 사 주어야 할까요?

예시 2 CCTV는 필요할까요? 그렇게 생각하는 이유는 무엇인가요?

부모와 아이의 인사이트 확장을 위한 TIP

• 정의란 무엇인가?

공동의 이익을 위해 개인이 희생하는 것이 꼭 정의로운 것은 아닙니다. 중
요하게 생각하는 가치나 상황에 따라 개인이냐 공동체냐에 대한 선택 또
한 달라질 것입니다. 어떻게 하면 정의롭고 좋은 삶을 만들 수 있을까요?
여러분이 생각하는 '정의'에 대해 적어 봅시다. 또 다른 가족이나 친구의
의견을 듣고 비교해 봅시다.

정의란 무엇인가?	
공리주의자	최대 다수의 최대 행복을 추구하는 것
자유주의자	선택의 자유를 존중하는 것
공동체주의자	미덕을 키워 공동선을 고민하는 것
나	

우리는 공유경제에 진심 ★행복한 아침독서 추천 도서

글 류지웅, 서국화, 신수경, 이혜윤   출판사 봄나무   권장 학년 5, 6학년

책 속으로

이 책은 〈세상을 바꾸는 10대들의 챌린지〉 시리즈 중 하나다. 오늘날 세상은 스마트폰과 컴퓨터가 이끌고 있고 사람들의 수명은 더욱 늘어났다. 하지만 지구의 자원은 정해져 있고, 무분별한 소비와 개발을 언제까지 감당할 수 있을지 알 수 없다. 쓰지 않는 물건이나 자원은 어떻게 처리하면 좋을까?

이 질문들에 대한 답을 '공유'에서 찾을 수 있다. 더 이상 쓰지 않는 물건과 자원을 다른 사람과 나누는 것! 탈 것, 집, 취미까지 나누지 못할 것이 없다. '세상이 달라지고 있어요.' '공유는 오래전부터 있었어요.' '기발한 공유가 좋은 변화를 만들어요.' '공유경제가 진화했어요.' '공유의 빛과 어둠'까지 총 5장으로 구성하여 공유가 무엇인지, 공유할 때 보완할 점은 없는지 등을 살펴본다.

또 마지막 6장에는 '나도 공유경제 사업가'라는 제목으로 지금까지 알아본 공유경제에 기반하여 기발하고 자유로운 공유 아이디어를 기획해 본다.

시크릿한 책 속 이야기

공유경제는 아주 옛날부터 이어져 왔습니다. 품앗이나 두레의 형태로 말이지요. 농사를 짓거나 놀이를 할 때 사람들이 한시적으로 모이던 것이 요즘으로 치면 공유경제입니다. 그때그때 필요한 시점에 모여서 일을 하는 것이지요.

소유의 개념이 아니라 대여하고 나누며 수익까지 얻을 수 있습니다. 단순히 물질적 이익을 얻는 것을 넘어 공동체 신뢰를 증진시키는 사회적 가치와 자원의 낭비를 줄이는 장점이 있습니다. 이에 따라 카 셰어링, 공유 자전거, 공유 주거, 공유 오피스, 공유 주방, 취미 공유 플랫폼 등 다양한 형태의 공유경제 서비스가 점점 늘고 있지요.

우리 아이들도 이미 공유경제를 경험했을 가능성이 큽니다. 그중 하나가 '벼룩시장'이지요. 필요 없어진 물건을 팔거나 교환 혹은 기증해 보는 것입니다. 지역에 따라 가족 단위로 참가 신청을 받고 정기적으로 벼룩시장을 개최하는 곳도 있습니다.

　　모든 일이 그렇듯 공유경제에 장점만 있는 것은 아닙니다. 개인 간 거래의 경우 안전을 보장하기 어려운 점도 있답니다. 공유 숙박의 경우 몰래카메라의 위험에 노출되기도 하고, 반대로 이용자가 대금을 지불하지 않고 잠수를 타는 경우도 있습니다. 공유 킥보드의 경우 이용자의 70퍼센트가 법을 위반하고 있다는 내용이 방송에 나오기도 했지요.

　　앞으로 미래를 위한 지속가능한 경제 모델로 공유경제에 대한 관심은 더욱 커지고, 사업 형태도 다양해질 것으로 전망합니다. 이 책을 통해 그 유래와 중요성, 여러 형태와 장단점까지 살펴볼 필요가 있습니다.

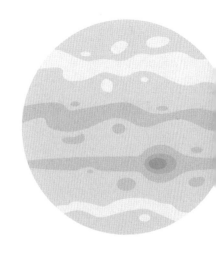

문해력 높이는 질문 독서

• 책 속에 답이 있는 얇은 질문 만들기

예시 1 쓰레기를 줄이는 효과적인 5R 원칙이란 무엇인가요?

예시 2 구독경제란 무엇인지 쓰고, 그 예시도 적어 보세요.

• 생각해야 답할 수 있는 두꺼운 질문 만들기

예시 1 공유경제를 경험해 본 적이 있나요?

예시 2 자원 낭비를 막기 위해 우리가 실천할 수 있는 일은 무엇인가요?

부모와 아이의 인사이트 확장을 위한 TIP

• 벼룩시장 참가 계획

각 지역별로 열리는 벼룩시장을 찾아보고, 물건의 상태를 확인한 후 직접
참여해 봅시다.

- • 오염이나 훼손이 심하지는 않은가요?
- • 너무 고가의 물건은 아닌가요?
- • 부모님의 허락을 맡았나요?

물건	내가 매긴 가격

• 수익금 기부

팔고 남은 물건은 기증하고, 벼룩시장 수익금 일부는 기부해 보면 어떨까
요? 기부할 단체를 찾아봅시다.

초등학교 국어 교과서
수록 도서 목록

　부록은 초등학교 국어 교과서에 나오는 제재의 작품 이름을 썼어요. 국어 교과서에는 국어 작품 전체를 실을 수 없으니 제재로 일부분만 다루고 있거든요. 새학기가 시작될 때 부모님이 교과서 수록 도서를 찾아 아이들에게 읽혀 보세요. 아이가 자신감 있는 학교생활을 하게 될 거예요. 또한 '나'뿐 아닌 '사회'를 보는 눈이 성장하고, 세상을 보는 시각이 점차 확장되는 것을 느낄 수 있을 거예요.

　2022 개정 교육과정에 맞추어 교과서 수록 도서 목록은 순차적으로 업데이트하겠습니다.

2022 개정 교육과정 초등학교 국어 교과서 수록도서

초등 저학년(1~2학년) 국어 교과서 수록 도서

수록 학년과 교과서	책 제목 (출판사)	지은이	확인
1학년 1학기 국어 (가)	라면 맛있게 먹는 법 문학동네	권오삼	○
	숨바꼭질 ㄱㄴㄷ 현북스	김재영	○
	표정으로 배우는 ㄱㄴㄷ 애플비	솔트앤페퍼커뮤니케이션	○
	소리치자 가나다 비룡소	박정선	○
	동물 친구 ㄱㄴㄷ 웅진주니어	김경미	○
	한글의 꿈 포스터 리틀애나	성유진	○
	생각하는 ㄱㄴㄷ 논장	이보나 흐미엘레프스카	○
	손으로 몸으로 ㄱㄴㄷ 문학동네	전금하	○
	말놀이 동요집 1 비룡소	최승호 작사, 방시혁 작곡	○
	우리 동요 — 랄랄라 신나는 인기 동요 60곡 애플비북스	작자 미상	○
	깊은 산속 옹달샘 누가 와서 먹나요 예림당	윤석중	○
	어머니 무명 치마 창작과비평	김종상	○
	이가 아파서 치과에 가요 받침없는동화	한규호	○
	어린이 명품 동요 100곡 1 태광음반	박화목 작사, 외국 곡	○
	인사할까, 말까? 웅진다책	허은미	○
	1학년 즐거운 생활 올에이미디어	정세문 작사, 신동일 작곡	○

1학년 1학기 국어 (가)	숨바꼭질 ㅏㅑㅓㅕ 현북스	김재영	◯
	노란 우산 보림	류재수	◯
	감자꽃 보물창고	권태응	◯
1학년 1학기 국어 (나)	구름 놀이 아이세움	한태희	◯
	동동 아기 오리 다섯수레	권태응	◯
	글자동물원 문학동네	이안	◯
	아가 입은 앵두 보물창고	서정숙	◯
	강아지 복실이 국민서관	한미호	◯
	말놀이 동시집 1 비룡소	최승호	◯
	맛있는 건 맛있어 시공주니어	김양미	◯
	학교 가는 길 논장	이보나 흐미엘레프스카	◯
	모두 모두 안녕! 웅진주니어	윤여림	◯
	우리는 분명 연결된 거다 창비	최명란	◯
	꽃에서 나온 코끼리 책읽는곰	황K	◯
	도서관 고양이 한울림어린이	최지혜	◯
	모두모두 한집에 살아요 고래뱃속	마리안느 뒤비크	◯
1학년 1학기 국어활동	꼭 잡아! 여우고개	이혜경	◯
	코끼리가 꼈어요 책고래	박준희	◯

1학년 2학기 국어 (가)	꿀 독에 빠진 여우 학원출판공사	안선모
	까르르 깔깔 미세기	이상교
	나는 책이 좋아요 책그릇	앤서니 브라운
	콩 한 알과 송아지 애플트리태일즈	한해숙
	1학년 동시 교실 주니어김영사	김종삼 외
	몰라쟁이 엄마 우리교육	이태준
1학년 2학기 국어 (나)	몽몽 숲의 박쥐 두 마리 한국차일드아카데미	이혜옥
	도토리 삼 형제의 안녕하세요 길벗어린이	이현주
	소금을 만드는 맷돌 예림아이	홍윤희
	나는 자라요 창비	김희경
	숲속 재봉사 창비	최향랑
	엄마 내가 할래요! 장영	장선희
1학년 2학기 국어활동	지구시간 동아일보	황중환
	내 마음의 동시 1학년 계림북스	김상련
2학년 1학기 국어 (가)	윤동주 시집 범우사	윤동주
	우산 쓴 지렁이 현암사	오은영
	내 별 잘 있나요 상상의 힘	이화주
	아니, 방귀 뽕나무 사계절	김은영

	아빠 얼굴이 더 빨갛다 리젬	김시민	○
	딱지 따먹기 보리	백창우	○
	아주 무서운 날 찰리북	탕무니우	○
	으악, 도깨비다! 느림보	손정원	○
	기분을 말해 봐요 다림	디디에 레비	○
	오늘 내 기분은…… 키즈엠	메리앤 코카-레플러	○
	내 꿈은 방울토마토 엄마 키위북스	허윤	○
	우당탕탕 아이쿠 한국교육방송공사	(주)마로 스튜디오	○
	께롱께롱 놀이 노래 보리	편해문 엮음	○
2학년 1학기 국어 (가)	어린이가 정말 알아야 할 우리 전래 동요 현암사	신현득 엮음	○
	작은 집 이야기 시공주니어	버지니아 리버튼	○
	까만 아기 양 푸른나무출판	엘리자베스 쇼	○
	세상에 둘도 없는 반짝이 신발 모래알(키다리)	제인 고드윈	○
	뜨고 지고! 길벗어린이	박남일	○
	시원한 책 발견(키즈엠)	이수연	○
	누가 누가 잠자나 문학동네	목일신	○
	잘 커다오, 꽝꽝나무야 문학동네	권영상	○
	내가 채송화처럼 조그마했을 때 푸른책들	이준관	○
	아빠를 구하라! 미래엔아이세움	송정양	○

	큰 턱 사슴벌레 VS 큰 뿔 장수풍뎅이 스콜라	장영철	◯
	선생님, 바보 의사 선생님 웅진주니어	이상희	◯
	명품 유아 동요 영어 동요 150 G.M뮤직	곽진영 작사, 강수현 작곡	◯
	신기한 독 보리	홍영우	◯
	욕심쟁이 딸기 아저씨 노란돼지	김유경	◯
	치과 의사 드소토 선생님 비룡소	윌리엄 스타이그	◯
2학년 1학기 국어 (나)	아홉 살 마음 사전 창비	박성우	◯
	두근두근 이 마음은 뭘까? 한빛에듀	김세실	◯
	아기 토끼와 채송화꽃 창비	권정생	◯
	누구를 보낼까요 국수	이형래	◯
	알아서 해가 떴습니다 사계절	정연철	◯
	튀고 싶은 날 열린어린이	장세정	◯
	개구리와 두꺼비는 친구 비룡소	아놀드 로벨	◯

	짝 바꾸는 날 도토리숲	이일숙	◯
	동무 동무 씨동무 창비	편해문 엮음	◯
	우리 동네 이야기 푸른책들	정두리	◯
	42가지 마음의 색깔 레드스톤	크리스티나 누녜스 페레이 라·라파엘 R. 발카르셀	◯
	머리가 좋아지는 그림책 — 창의력편 길벗스쿨	우리누리	◯
	내가 조금 불편하면 세상은 초록이 돼요 토토북	김소희	◯
	내가 도와줄게 비룡소	테드 오닐·제니 오닐	◯
2학년 1학기 국어활동	7년 동안의 잠 작가정신	박완서	◯
	용기를 내, 비닐장갑! 책읽는곰	유설화	◯
	내 마음 ㅅㅅㅎ 사계절	김지영	◯
	이게 뭐예요? 머스트비	라파엘 마르탱	◯
	쉬는 시간에 똥 싸기 싫어 토토북	김개미	◯
	낭송하고 싶은 우리 동시 좋은꿈	문삼석 외	◯
	세상에서 가장 힘이 센 말 달달북스	이현정	◯
	동물 도감: 세밀화로 그린 보리 어린이 도감 보리	권혁도 외	◯

	수박씨 창비	최명란	◯
	참 좋은 짝 푸른책들	손동연	◯
	나무는 즐거워 비룡소	이기철	◯
	훨훨 간다 국민서관	권정생	◯
	김용택 선생님이 챙겨주신 1학년 책가방 동화 파랑새어린이	이규희	◯
	신발 속에 사는 악어 사계절	위기철	◯
2학년 2학기 국어 (가)	아홉 살 마음 사전 창비	박성우	◯
	신발 신은 강아지 스콜라	고상미	◯
	크록텔레 가족 교학사	파트리시아 베르비	◯
	산새알 물새알 푸른책들	박목월	◯
	저 풀도 춥겠다 부산알로이시오초등학교 3학년 학급문집	한영우(학생)	◯
	유치원 인기 동요 BEST 50 웅진주니어	웅진주니어 편집부	◯
	호주머니 속 알사탕 문학과지성사	이송현	◯
2학년 2학기 국어 (나)	콩이네 옆집이 수상하다! 문학동네	천효정	◯
	불가사리를 기억해 사계절	유영소	◯
	종이 봉지 공주 비룡소	로버트 문치	◯
	거인의 정원 웅진씽크하우스	오스카 와일드	◯

수록 학년과 교과서	책 제목 (출판사)	지은이	확인
2학년 2학기 국어 (나)	나무들이 재잘거리는 숲 이야기 풀과바람	김남길	◯
	언제나 칭찬 사계절	류호선	◯
	팥죽 할멈과 호랑이 시공주니어	박운규	◯
2학년 2학기 국어활동	교과서 전래 동화 거인	조동호	◯
	원숭이 오누이 한림출판사	채인선	◯
	개구리와 두꺼비는 친구 비룡소	아널드 로벨	◯
	엄마를 잠깐 잃어버렸어요 보림	크리스 호튼	◯

초등 중학년(3~4학년) 국어 교과서 수록 도서

수록 학년과 교과서	책 제목 (출판사)	지은이	확인
3학년 1학기 국어 (가)	곱구나! 우리 장신구 한솔수북	박세경	◯
	소똥 밟은 호랑이 영림카디널	박민호	◯
	너라면 가만있겠니? 청개구리	우남희	◯
	꽃 발걸음 소리 아침마중	오순택	◯
	아! 깜짝 놀라는 소리 끝없는이야기	신형건	◯
	바삭바삭 갈매기 한림출판사	전민걸	◯
	책이 사라진 날 한솔수북	고정욱	◯

3학년 1학기 국어 (가)	바람의 보물찾기 청개구리	강현호	◯
	삐뽀삐뽀 눈물이 달려온다 문학동네	김륭	◯
	리디아의 정원 시공주니어	사라 스튜어트	◯
	한눈에 반한 우리 미술관 사계절	장세현	◯
	플랑크톤의 비밀 예림당	김종문	◯
3학년 1학기 국어 (나)	꿈나무영등포 영등포구청	영등포구청	◯
	명절 속에 숨은 우리 과학 시공주니어	오주영	◯
	아씨방 일곱 동무 비룡소	이영경	◯
	개구쟁이 수달은 무얼 하며 놀까요? 재능아카데미	왕입분	◯
	프린들 주세요 사계절	앤드루 클레먼츠	◯
	알고 보면 더 재미있는 곤충이야기 뜨인돌어린이	김태우, 함윤미	◯
	짝 바꾸는 날 도토리숲	이일숙	◯
	축구부에 들고 싶다 창비	성명진	◯
	쥐눈이콩은 기죽지 않아 문학동네	이준관	◯
	만복이네 떡집 비룡소	김리리	◯
3학년 1학기 국어활동	감자꽃 보물창고	권태웅	◯
	귀신보다 더 무서워 보리	허은순	◯
	아드님, 진지 드세요 좋은책어린이	강민경	◯

3학년 1학기 국어활동	개똥이네 놀이터 보리	허정숙	◯
	종이접기 백선 5 종이나라	종이나라 편집부	◯
	도토리 신랑 보리	서정오	◯
	씨앗부터 나무까지 식물이 좋아지는 식물책 다른세상	김진옥	◯
	하루와 미요 문학동네	임정자	◯
	타임캡슐 속의 필통 창비	남호섭	◯
	바위나리와 아기별 길벗어린이	마해송	◯
3학년 2학기 국어 (가)	거인 부벨라와 지렁이 친구 주니어RHK	조 프리드먼	◯
	어쩌면 저기 저 나무에만 둥지를 틀었을까 만인사	이정환	◯
	까불고 싶은 날 창비	정유경	◯
	눈 코 귀 입 손! 위즈덤북	박행신	◯
	진짜 투명 인간 씨드북	레미 쿠르종	◯
	지렁이 일기 예보 비룡소	유강희	◯
	내 입은 불량 입 크레용하우스	경화봉화분교 어린이들	◯
3학년 2학기 국어 (나)	꼴찌라도 괜찮아! 휴이넘	유계영	◯
	온 세상 국기가 펄럭펄럭 웅진주니어	서정훈	◯
	이야기 할아버지의 이상한 밤 한림출판사	임혜령	◯
	무툴라는 못 말려! 국민서관	베벌리 나이두	◯

3학년 2학기 국어활동	귀신 선생님과 진짜 아이들 사계절	남동윤 글	◯
	가자, 달팽이 과학관 보리	보리 편집부	◯
	꽃과 새, 선비의 마음 보림	고연희	◯
	별난 양반 이 선달 표류기 1 웅진주니어	김기정	◯
	알리키 인성 교육 1: 감정 미래아이	알리키 브란덴 베르크	◯
	아인슈타인 아저씨네 탐정 사무소 주니어김영사	김대조	◯
	숨 쉬는 도시 꾸리찌바 파란자전거	안순혜	◯
	눈 베틀북	박웅현	◯
4학년 1학기 국어 (가)	멋져 부러, 세발자전거 낮은산	김남중	◯
	산 웅진닷컴	전영우	◯
	동시마중 제31호	김자연	◯
	100살 동시 내 친구 청개구리	한국동시문학회	◯
	사과의 길 문학동네	김철순	◯
	경주 최씨 부자 이야기 여원미디어	조은정	◯
	나비를 잡는 아버지 효리원	현덕	◯
	가끔씩 비 오는 날 창비	이가을	◯
	우산 속 둘이서 21문학과문화	장승련	◯
	맛있는 과학 ― 6. 소리와 파동 주니어김영사	문희숙	◯

	나무 그늘을 산 총각 꿈꾸는꼬리연	권규헌	◯
	경제의 핏줄, 화폐 미래아이	김성호	◯
	무지개 도시를 만드는 초록 슈퍼맨 스콜라	김영숙	◯
4학년 1학기 국어 (가)	조선 사람들의 소망이 담겨 있는 신사임당 갤러리 그린북	이광표	◯
	지붕이 들려주는 건축 이야기 현암주니어	남궁담	◯
	쩌우 까우 이야기 창비	김기태 엮음	◯
	아름다운 꼴찌 주니어RHK	이철환	◯
	초록 고양이 사계절	위기철	◯
	알고 보니 내 생활이 다 과학! 예림당	김해보, 정원선	◯
	콩 한 쪽도 나누어요 열다	고수산나	◯
	생명, 알면 사랑하게 되지요 더큰아이	최재천	◯
	세종 대왕, 세계 최고의 문자를 발명하다 보물창고	이은서	◯
4학년 1학기 국어 (나)	세계 속의 한글 박이정출판사	홍종선	◯
	주시경 비룡소	이은정	◯
	나 좀 내버려 둬 길벗어린이	박현진	◯
	두근두근 탐험대 (1부 모험의 시작) 보리	김홍모	◯
	비빔툰 9 (끝은 또 다른 시작) 문학과지성사	홍승우	◯

4학년 1학기 국어활동	내 맘처럼 열린어린이	최종득	◯
	고래를 그리는 아이 시공주니어	윤수천	◯
	이솝 이야기 아이즐	이솝 원작, 차보금 엮음	◯
	꽃신 사파리	윤아해	◯
	아는 길도 물어 가는 안전 백과 풀과바람	이성률	◯
	신기한 그림 족자 비룡소	이영경	◯
	놀면서 배우는 세계 축제1 봄볕	유경숙	◯
	가을이네 장 담그기 책읽는곰	이규희	◯
4학년 2학기 국어 (가)	오세암 창비	정채봉	◯
	매일매일 힘을 주는 말 개암나무	박은정	◯
	세상에서 가장 유명한 위인들의 편지 채우리	오주영 엮음	◯
	사라, 버스를 타다 사계절	윌리엄 밀러	◯
	콩닥콩닥 짝 바꾸는 날 시공주니어	강정연	◯
	젓가락 달인 바람의아이들	유타루	◯
4학년 2학기 국어 (나)	5000년 한국 여성 위인전 1 혼진피앤엠	신현배	◯
	정약용 비룡소	김은미	◯
	사흘만 볼 수 있다면 그리고 헬렌 켈러 이야기 두레아이들	헬렌 켈러	◯
	어머니의 이슬 털이 북극곰	이순원	◯

4학년 2학기 국어 (나)	투발루에게 수영을 가르칠 걸 그랬어! 미래아이	유다정	◯
	우리 속에 울이 있다 푸른책들	박방희	◯
	쉬는 시간에 똥 싸기 싫어 토토북	김개미	◯
	지각 중계석 문학동네	김현욱	◯
	멸치 대왕의 꿈 키즈엠	천미진	◯
4학년 2학기 국어활동	아들아, 너는 미래를 이렇게 준비하렴 글고은	필립 체스터필드	◯
	100년후에도읽고싶은한국명작동화 II 예림당	한국명작동화선정위원회	◯
	두고두고 읽고 싶은 한국 대표 창작 동화 3 계림북스	이원수	◯
	함께 사는 다문화 왜 중요할까요? 나무생각	홍명진	◯
	우리 조상들은 얼마나 책을 좋아했을까? 보물창고	마술연필	◯
	초희의 글방 동무 개암나무	장성자	◯
	멋진 사냥꾼 잠자리 길벗어린이	안은영	◯
	자유가 뭐예요? 상수리	오스카 브르니피에	◯
	고학년을 위한 동요 동시집 상서각	김형경	◯
	기찬 딸 시공주니어	김진완	◯

초등 고학년(5~6학년) 국어 교과서 수록 도서

수록 학년과 교과서	책 제목 (출판사)	지은이	확인
5학년 1학기 국어	참 좋은 풍경 청개구리	박방희	◯
	어린이를 위한 시크릿: 꿈을 이루는 일곱 가지 비밀 살림어린이	김현태·윤태익	◯
	별을 사랑하는 아이들아 푸른책들	윤동주	◯
	난 빨강 창비	박성우	◯
	가랑비 가랑가랑 가랑파 가랑가랑 사계절	정완영	◯
	수일이와 수일이 우리교육	김우경	◯
	마음의 온도는 몇 도일까요? 주니어김영사	정여민	◯
	색깔 속에 숨은 세상 이야기 아이세움	박영란·최유성	◯
	브리태니커 만화 백과: 여러 가지 식물 아이세움	봄봄 스토리	◯
	공룡 대백과 웅진주니어	한상호·이용규·박지은	◯
	생각이 꽃피는 토론2 이비락 2018	황연성	◯
	여행자를 위한 나의 문화유산 답사기2 창비	유홍준	◯
	바람 소리 물소리 자연을 닮은 우리 악기 문학동네	청동말굽	◯
	지켜라! 멸종 위기의 동식물 뭉치	백은영	◯
	청자의 이해 지도에 관한 연구(2003) 미술 교육 농촌 17	류재만	◯
	잘못 뽑은 반장 주니어김영사	이은재	◯

5학년 2학기 국어	바다가 튕겨 낸 해님 청개구리	박희순	◯
	니 꿈은 뭐이가? 웅진주니어	박은정	◯
	어린이 문화재 박물관 2 사계절	문화재청 엮음	◯
	전통 속에 살아 숨 쉬는 첨단 과학 이야기 교학사	윤용현	◯
	악플전쟁 별숲	이규희	◯
	뻥튀기는 속상해 푸른책들	한상순	◯
	고맙습니다, 선생님 아이세움	패트리샤 폴라코	◯
	파브르 식물 이야기 사계절	장 앙리 파브르	◯
	한지돌이 보림	이종철	◯
	꿈을 찾아 떠나는 여행 미래엔	기은서(학생 작품)	◯
6학년 1학기 국어	뻥튀기 주니어이서원	고일	◯
	내 마음의 동시 6학년 계림북스	심후섭	◯
	가랑비 가랑가랑 가랑파 가랑가랑 사계절	정완영	◯
	황금 사과 뜨인돌어린이	송희진	◯
	우주 호텔 해와나무	유순희	◯
	속담 하나 이야기 하나 산하	임덕연	◯
	등대섬 아이들 신아출판사	주평	◯
	말대꾸하면 안 돼요? 창비	배봉기	◯
	조선 왕실의 보물 의궤 토토북	유지현	◯

6학년 1학기 국어	얘, 내 옆에 앉아! 푸른책들	노원호	
	불패의 신화가 된 명장 이순신 웅진씽크빅	이강엽	
	샘마을 몽당깨비 창비	황선미	
	아버지의 편지 함께읽는책	정약용 글, 한문희 엮음	
6학년 2학기 국어	의병장 윤희순 한솔수북	정종숙	
	구멍 난 벼루 토토북	배유안	
	열두 사람의 아주 특별한 동화 파랑새	송재찬	
	이모의 꿈꾸는 집 문학과지성사	정옥	
	노래의 자연 시인생각	정현종	
	생각 깨우기 푸른숲주니어	이어령	
	지구촌 아름다운 거래 탐구 생활 파란자전거	한수정	
	사회 선생님이 들려주는 공정무역 이야기 살림출판사	전국사회교사모임	
	배낭을 멘 노인 문공사	박현경·김운기 원작, 김주연 각색	
	완희와 털복숭이 괴물(샬럿의 거미줄) 도서출판 연극, 놀이 그리고 교육	조셉 로비넷	
	쉽게 읽는 백범 일지 돌베개	김구	
	장복이, 창대와 함께하는 열하일기 한국고전번역원	박지원 원작, 강민경 글	
	아트와 맥스 시공주니어	데이비드 위즈너	
	나는 비단길로 간다 푸른숲주니어	이현	
	식구가 늘었어요 청개구리	조영미	

현직 교사가 알려 주는
자기계발 50

1판 1쇄 발행 2024년 5월 5일

지은이 정예슬
발행인 조상현
마케팅 조정빈 **편집인** 정지현 **디자인** 페이퍼컷 장상호

발행처 더디퍼런스
등록번호 제2018-000177호
주소 경기도 고양시 덕양구 큰골길 33-170(오금동)
문의 02-712-7927 **팩스** 02-6974-1237
이메일 thedibooks@naver.com **홈페이지** www.thedifference.co.kr

ISBN 979-11-6125-475-3 03370